DEJA
DE HACER
P*NDEJADAS

TAMBIÉN DE GARY JOHN BISHOP

Deja de chingarte

DEJA
DE HACER
P*NDEJADAS

**Acaba con el autosabotaje
y recupera tu vida**

GARY JOHN BISHOP

HarperCollins *Español*

Los libros de HarperCollins Español pueden ser adquiridos para propósitos educativos, de negocio o promocionales. Para información, escriba un correo electrónico a SPsales@harpercollins.com.

Título en inglés: *Stop Doing That Sh*t*

PRIMERA EDICIÓN

Jefe de edición: Edward Benitez
Traductora: Liza Mariem Pérez Sánchez

Se han solicitado los registros de catalogación en publicación (CIP, por su sigla en inglés) de la Biblioteca del Congreso.

ISBN 978-0-06-293831-2

19 20 21 22 23   LSC   10 9 8 7 6 5 4 3 2 1

Dedico este libro a los que se sienten desamparados y desesperados, frustrados o derrotados: hoy es el día ideal para empezar de nuevo. Tu pasado no me importa; a ti tampoco debería importarte.

Les doy gracias a mi bella esposa y a mis hijos, que son mi inspiración y sin quienes jamás podría haber llegado a ser el hombre en el que me he convertido. Somos una familia comprometida a marcar una diferencia en el mundo y en esto nos ayudan la generosidad y el amor de todos ustedes.

Contenido

01

Esta es la cuestión

La mayor parte
del tiempo
vives en piloto
automático.

Alguien me preguntó una vez: ¿Qué hay en las entrañas de cada ser humano?

"Mierda", le respondí.

Entonces aparecieron los momentos de nerviosismo: primero, el silencio y las miradas al suelo, buscando no sé qué; luego, un confuso cúmulo de preguntas sin sentido.

Parece que esperaban una respuesta metafísica, tipo "new age", sobre el espíritu libre, la esencia de los bosques antiguos o sobre las partículas de un distante polvo de estrellas rociado con la varita mágica de un hada. Sin embargo, mi respuesta fue (y es) clara. En mi trayectoria como persona (porque, como tú, también soy persona), siempre que dejas a un lado todo el positivismo y la ilusión, una figura completamente distinta aparece al acecho: es una mierda *conversacional*, por llamarlo de alguna manera, algo que no es tan inspirador ni alentador como todos quisiéramos que fuese. Tampoco se trata de algo malvado o perverso, sino, más bien, de algo que podríamos describir como cínico, restrictivo, repetitivo y, a fin de cuentas, frustrante.

En fin, el tipo de seres que debilitan una vida. O que la sabotean, para ser más precisos.

Este librito es mi intento por finalmente revelar y transformar tu mierda, ese tipo de cosas que constantemente destruyen tu vida.

Así que, si te sientes cansado, abrumado, agobiado, falto de amor, estancado, paralizado, aburrido, arruinado, muy ansioso, demasiado analítico, inseguro, sin ganas, desconectado, en el camino equivocado, en la dirección equivocada, hundido, atrapado en el pasado, preocupado por el futuro, desilusionado, asustado, desconfiado, implacable, receloso, enfadado, frustrado o simplemente atrapado en un ciclo, soy lo que andas buscando y este libro es para ti.

En serio, estas páginas son para ti. No te conformes con leerlas. Pon en práctica lo que lees.

Vamos a encontrar de dónde sale toda esa mierda y vamos a arrancarla de raíz.

En mi último libro, *Deja de chingarte*, escribí sobre ese diálogo interior con el que constantemente tenemos que lidiar. Me refiero a ese sonido de fondo en el que se convierten las opiniones, los juicios, las razones, los miedos y las excusas, y que está constantemente presente en nuestra mente. A veces es fuerte, otras veces es leve, pero siempre está ahí. Ese diálogo interior es como el vestuario de un equipo de fútbol, pero, en este caso, es el vestuario de tu vida, pues es ahí donde se desarrollan las estrategias y se resuelve todo. Es ahí donde tus planes cobran vida, pero, también, donde mueren.

La mayoría de estos planes nunca llegan a ver la luz del día. En especial, las cosas positivas, como los sueños, pues los destruyes ahí donde ellos crecen, o sea, en tu mente.

Las personas no son más que una conversación viviente que se produce tanto internamente como externamente (hablando). Son un diálogo convertido en cuerpo: un saco de piel y huesos que habla, que habla, sobre todo. Y el límite de ese diálogo es el límite, también, de esa vida. Punto.

En resumen, eres lo que hablas o, más bien, eres la *esencia* de lo que hablas. Si para ti la vida es demasiado, entonces, ¡realmente *es* demasiado! La confusión está en creer que la vida es de cierta manera y que, en ese diálogo interior, simplemente estamos informando sobre lo que estamos observando. En realidad, sucede al revés. La verdad es que tú creas tu experiencia de vida a través de ese diálogo interior y luego actúas conforme a él. Esto lo haces todo el tiempo. Nunca (o sea, jamás de los jamases) actúas conforme a la vida en sí misma, sino que actúas de acuerdo con tu propia *opinión* de la vida. Por eso es una experiencia tan diferente para cada individuo.

La vida simplemente *es*; cómo la llames, es cosa tuya. Recuerda que tendrás que asumir las consecuencias de tus actos. Es así como funciona.

Esto tampoco es nada nuevo.

Algunos filósofos, como Hans-Georg Gadamer, Edmund Husserl y Martin Heidegger, estudiaron la importancia del lenguaje y cómo este se transforma en una experiencia vivida de absolutamente todo. Esos sentimientos que tienes (o que no tienes) forman tu lenguaje. Lo que dices es parte de tu vida, tal y como lo demuestran esos pequeños y normales titubeos que son parte de tu mundo de autosabotaje.

Esto quizás pueda exigirte que pienses de manera algo radical, pero, en realidad, tu vida no es más que una suerte de tango en el que las emociones y las conversaciones danzan suavemente para luego abalanzarse unas contra otras. Como sociedad, nos hemos vuelto cada vez más adictos a cambiar nuestras emociones —a sentirnos más contentos, más seguros, más lo que sea— y todo ello sin atender aquello que provoca estos estados. Es tu diálogo *sobre* la vida lo que te tiene con el agua hasta el cuello; no es la desastrosa vida que supuestamente tienes la que te tiene así. El problema está en que ignoras la mayor parte de ese diálogo interior o pasa completamente desapercibido. Digamos que se desarrolla en un segundo plano, sin que sepas que está ahí.

Con este libro queremos llevar a otro nivel el trabajo que iniciamos con *Deja de chingarte*. Estamos aquí para finalmente descubrir *tu* marca personal, es decir, cómo son esas conversaciones internas, para explicar por qué esta es la causa de todo lo que actualmente es una mierda en tu vida. En nuestro día a día, simplemente experimentamos los estados de ánimo y las emociones de nuestro diálogo interior sin que nos preocupemos por determinar qué es lo que *realmente* nos está diciendo. Entonces, si alguna vez quisiste saber por qué hablas contigo mismo de la manera en que lo haces y, específicamente, qué es lo que hace que surja este diálogo interior, ¡sigue leyendo!

Antes de que empieces a pensar que estás cayendo en otro de esos típicos clichés de "pensamientos positivos", déjame aclararte algo: existe una razón por la cual no todo el mundo puede superar toda esa mierda negativa usando la estrategia de cambiar su diálogo interior por frases del tipo "soy lo suficientemente bueno", "soy lo suficientemente inteligente", "me siento querido" o "yo puedo".

El problema con ese enfoque es que no trabaja con la basura que tienes ahí almacenada. Uno simplemente no puede *ser* de una manera para superar otra forma de ser que no le gusta. No puedes saltarte algunas etapas de este proceso. Eso sería como si, justo antes de que llegaran tus amigos a casa, escondieras debajo de la alfombra de la sala todas las cucarachas muertas que has encontrado por la casa para que ellos no las vean. Es cierto que todo se verá bien en la casa, pero, en lo más profundo de tu corazón, sabes que las cucarachas muertas siguen estando ahí. Es así como funciona nuestra mente: cuando escondemos un sentimiento negativo debajo de nuestra alfombra mental, en el fondo sabemos que *hay algo más*, algo que se asemeja más a la verdad. Es como si te mintieras a ti mismo, pero tú simplemente no te crees esa mentira. Vamos, una estafa.

Usaremos, pues, estas páginas para meternos debajo de esa alfombra, para descubrir a esas cucarachas emocionales que están ahí escondidas y liberarte de ellas, para que puedas genuinamente "ser" en lugar de simular "ser". Por supuesto, puedes cambiar tu estado emocional al "actuar", un proceso que ya expliqué en mi primer libro, pero el común denominador en todo esto es el lenguaje.

De la manera en que trabajamos, solo podemos "ser" uno a la vez. No puedes ser cariñoso y antipático a la misma vez. Es uno o el otro. No puedes perdonar y mostrar resentimiento o ser indiferente y estar triste. En cualquier momento de tu vida, siempre *eres* de una manera y SOLO de una manera.

———————

Antes de comenzar, quisiera rectificar y corregir un asunto que les ha preocupado a algunas personas: el hecho de que en mi último libro no hubiera mucha información sobre mí.

Pues bien, soy un escocés, con acento bien marcado, aficionado a las faldas escocesas y al mal tiempo.

Me gusta empoderar a la gente. Mi trabajo en esta vida es ofrecerles a las personas la oportunidad de encontrar algo que sirva para lograr un cambio positivo en sus vidas. Ahora bien, esto no lo hago diciéndoles que son estupendos, que su momento llegará un día de estos, que todo pasa por algo o cualquiera de esos discursos modernos estilo "new age" que algunos han adoptado.

En mi caso, te hablaré sin tapujos, directo, a la cara: ¡Tú eres el problema y tú eres la solución!

(Como dato curioso, una vez alguien me dijo que yo no era un billete de cien dólares. Y yo le respondí: "Un billete de cien dólares tampoco es un billete de cien dólares para todo el mundo").

Tampoco soy tan arrogante como para creer que puedo resolver un enigma que ha desconcertado a filósofos, académicos, científicos y grandes pensadores hasta donde podemos (o al menos yo) remontarnos. Mi única intención es lograr un cambio en una persona: tú. Eso es todo. Si estás leyendo estas páginas y te estás enfocando en cómo esto le aplica a tu esposa, a tu padre, a tu jefe, a tu primo o a tu ex, no has entendido nada.

Este libro es *para* ti y es *sobre* ti.

Eso es todo.

Entonces, ¿de qué va este libro?

Para los principiantes, este libro es una corta pero intensa sacudida a tu manera de pensar. No estoy aquí para darte todas las respuestas. Tus respuestas las tienes *tú*. Siempre es así. Este libro es como una especie de agente catalizador que te abrirá las puertas a otro tipo de preguntas y a otros modos de mirar las cosas, que harán que algo en ti se remueva y que surja esa chispa que te permitirá afrontar tu vida de una manera diferente.

La inspiración, la motivación, la pasión y cualquier otra cosa que estés buscando en tu vida depende de ti. Así ha sido en el pasado, así es en el presente y así será en el futuro.

Una buena parte de ser quien quieres ser, de vivir la vida que quieres, depende de que te responsabilices por las decisiones que tomes hoy, así como las del futuro. Este libro es, más bien, un viaje de autoconocimiento que te invita a pensar, a descubrir y, en última instancia, a revelar tu verdadera naturaleza. Cuando finalmente comprendas de dónde vienes, tendrás mayores oportunidades de cambiar el curso de tu vida.

Mi acercamiento a este libro viene de mi propia marca de "filosofía urbana". Utilizo la palabra "filosofía" porque, a fin de cuentas, en eso consiste, en una opinión o una perspectiva sobre qué significa estar vivo, ser un ser humano e intentar abrirse paso entre las complejidades, los miedos y las luchas, hasta alcanzar algún tipo de felicidad y éxito estables. Por otra parte, utilizo la palabra "urbana" porque las mayores lecciones de mi vida las aprendí durante mi infancia en las calles en blanco y negro de Glasgow, en donde las reglas eran simples, y las consecuencias, predecibles.

Este es un modelo que yo creé. Estudié muchas disciplinas y enfoques, así como a un buen número de filósofos, y me apoderé de aquello que, para mí, tenía sentido. A partir de ahí, comencé a indagar. He utilizado este modelo con mis clientes y he encontrado que, cuando ponen todo su esfuerzo en descubrir su verdadera naturaleza, realmente pueden lograr un cambio drástico en sus vidas. Lo que he desarrollado, pues, es un modelo que te permita analizarte a ti mismo y, así, comprender cómo es que te autodestruyes, para que puedas encontrar el verdadero camino para salir del atolladero en el que te has metido y experimentes la libertad de hacerte cargo de ti mismo de una vez por todas. Ahora bien, para lograrlo, quizás experimentes algo de confusión y disconformidad al principio. No pasa nada. Ten en cuenta que mucho de lo que estoy diciendo en estas páginas puede resultar contrario a como te ves actualmente. De hecho, esa es la idea.

Debo aclarar que en este libro, como en el anterior y, seguramente, como pasará con los siguientes, hay algunas palabrotas. A mí me gustan las palabrotas, pues le impregnan algo del tan necesitado color que nuestro desgastado lenguaje cotidiano necesita. Bueno, te podría decir que, si no puedes lidiar con algunas groserías en tu vida, dejes este libro a un lado, pero ¡qué rayos!, necesitas lo que te voy a decir más que nadie, así que abróchate el cinturón y sigue leyendo.

También quiero aclarar cuál es mi intención: deseo ofrecerte conocimiento —un conocimiento real, sustancioso y capaz de cambiarte la vida— que puedas usar para pensar, pensar y pensar en cómo salir de esa situación confusa y contraproducente en la que te encuentras.

Cuando digo "pensar", no estoy hablando del tipo de reflexión, cuestionamiento o pensamiento fastidioso por el que navegas diariamente mientras echas gasolina o te haces tu sándwich preferido de tocineta y banana (¿en serio?). Cuando digo "pensar", de lo que realmente estoy hablando es de un compromiso deliberado e intencional con una idea en particular. Pensar realmente ocurre cuando eres capaz de retar e interrumpir tu actual paradigma (todo eso que sabes).

Esto de pensar *no* es fácil, pues requiere un esfuerzo de tu parte para, por así decirlo, abrir tu mente, como cuando te *obligan* a tomar en cuenta algo que nunca habías considerado o, en el mejor de los casos, algo que habías considerado solo a medias, para luego intentar relacionar esta nueva idea con tu vida. Pensar supone una interrupción. Los verdaderos logros solo serán posibles en tu vida cuando te interrumpas a ti mismo y a tus respuestas automáticas para lo que sea que la vida te depare.

> *Martin Heidegger decía lo siguiente: "Lo gravísimo de nuestra época grave es que todavía no pensamos".*

Tú no piensas. Ahí está. Ya lo dije.

No pretendo que te ahogues con tu próximo sorbo de ese saludable *"venti skinny latte"* helado, semidescafeinado, sin azúcar, con canela y leche de soya que te estás tomando ahora mismo como si fueras una aspiradora Dyson recién vaciada y a toda máquina. Pasamos muy poco tiempo realmente pensando en aquello que puede inspirarnos a tener una nueva vida, y no, el navegar por frases citadas en Instagram no cuenta como un ejercicio de pensamiento.

El ejercicio de pensar que forma parte de este libro te ayudará a entenderte.

¿Y qué haces con eso? Eso es asunto tuyo, pero no te recomiendo que simplemente te quedes ahí sentado leyendo. Podrías, yo qué sé, cambiar tu maldita vida o algo así.

Ahora bien, no podemos dar nada por hecho. Esta es tu vida y necesitas trabajarla. Puedes dedicarte a cuestionar lo que te estoy proponiendo o puedes, en cambio, utilizar lo que te estoy proponiendo para cuestionarte a ti mismo. Cada una de estas opciones redundará en un resultado diferente. Es bastante evidente cuál de ellas te llevará a cambiar tu vida y con cuál perderás el tiempo.

Empieza por despertar y levantarte.

En tu vida diaria, la mayor parte del tiempo estás en piloto automático. Por eso no ves la salida cuando conduces hacia tu trabajo o cuando regresas a casa, siempre te pones los pantalones, los zapatos o el abrigo del mismo modo, te cepillas los dientes de la forma en la que lo haces y, en términos generales, haces tu vida. Automáticamente.

No estás viviendo tu vida al máximo; no estás disfrutando de lo que verdaderamente te gusta ni estás involucrado en aquellas cosas que podrían darle un giro a tu vida y que harían que todo esto tuviera sentido.

Lo que tú piensas que es estar despierto realmente es estar dormido. Quizás despiertes hacia el final de esta existencia, pero, probablemente, ya sea demasiado tarde para ti. Al menos, date cuenta de *eso*.

A veces, mientras lees estas páginas, sentirás la necesidad de lanzarte al vacío y romper con todo aquello en lo que crees. Estarás bien; no te vas a morir. Atrévete a lanzarte.

He aquí un truco: de vez en cuando, piensa en cómo estás usando este libro. Verifica cómo te va. Yo te recomendaría que dividas este proceso en etapas, para darte a ti mismo el tiempo de asimilar lo que te estoy proponiendo, tomar apuntes, subrayar aquello que necesitas y para que, de vez en cuando, puedas tomar una bocanada de aire. Después de todo, estamos trabajando con esa tendencia tuya hacia el autosabotaje. En estas páginas no vamos a pasearnos por los abundantes campos de alegría de los deseos de tu corazón. Lo que haremos, más bien, será abrirnos paso y dejar atrás décadas de conflictos no deseados, de insatisfacción y de destruir continuamente todo aquello que es bueno en tu vida.

Puede que esto no sea agradable para ti.

De hecho, algunos pensarán que lo único que hay en estas páginas son un montón de malas noticias.

Bueno, es lo que hay.

No hay unicornios, estados de euforia ni, qué rayos, tan siquiera una oreja amiga. Existe un tiempo y un lugar para todo eso. Este no es el momento ni el lugar. Simplemente es eso. Ahora bien, te prometo que, si aguantas hasta el final, haces el ejercicio de pensar, descubres las motivaciones de tu subconsciente y pones en práctica las ideas y los principios, lograrás comprenderte a ti mismo mejor que nunca y tendrás las herramientas para, finalmente, recuperar tu vida.

Es posible interrumpir el ciclo de autosabotaje. ¿Lo hacemos?

02

Una vida de autosabotaje

*No hay nada
más dañino
que el deseo
humano de tener
siempre la razón.*

¿**Q**ué quiero decir específicamente cuando hablo de autosabotaje? El diccionario Merriam-Webster define "sabotaje" de la siguiente manera[*]:

> *destrucción u obstrucción que lleva a cabo un ciudadano o un agente enemigo para impedir las actividades bélicas de una nación, o*
> *a: una acción o un proceso con el propósito de obstaculizar o causar daño*
> *b: subversión deliberada*

Ahora bien, en este caso, el sabotaje aparentemente no lo está cometiendo un "agente enemigo". ¿O sí? A lo mejor ese agente enemigo eres tú mismo. Entonces, se trata de un tipo de sabotaje que iniciamos nosotros mismos, en contra de nosotros, y que es capaz de subvertir todo lo bueno que hay en nuestras vidas.

Es, pues, una subversión deliberada. Completamente deliberada.

Probablemente se te ocurren algunos ejemplos de autosabotaje en algunas de esas personas que se han paseado por los pasillos con olor a humedad de tu vida.

----

[*]N. de la T.: Dado que el argumento del autor está basado en la definición del término en inglés, hemos optado por traducir la definición provista por el Diccionario Merriam-Webster para el término "sabotaje".

Siempre es más fácil medir el deterioro de otros que el de uno mismo.

Puede ser un tío que luchó contra la adicción a las drogas o al alcohol, que estuvo atrapado en un ciclo de autodestrucción del cual no pudo salir. O quizás es un viejo amigo que perdió sus ahorros, su casa y hasta su familia por los juegos de azar y el peso de la deuda.

También podría ser el hermano o la hermana que se da unos atracones de comida chatarra hasta el punto de que pierde el control de su peso y, ahora, su vida está irremediablemente en peligro. O puede ser el sobrino que, aun a sus veinte, treinta o cuarenta años, sigue viviendo con papá y mamá, pues prefiere huirles a la independencia, al éxito y al desarrollo en el mundo real, para refugiarse en las conquistas digitales de los videojuegos y el porno en internet. ¡A la mierda! Seamos honestos: cualquiera de estos ejemplos puede ser tu caso. Estos son claros ejemplos de autosabotaje.

Pero ¿qué pasa con aquellos ejemplos que son menos obvios? A lo mejor estás leyendo esto y estás pensando que tú no estás tan mal. Claro está, tú tienes tus complejos y tus vicios. Por ejemplo, te gustaría ser más exitoso en tu trabajo, conseguir una buena pareja o eliminar un poquito de ese trocito de tu pierna izquierda (la verdad es que es una capa esponjosa de grasa que está pegada a tu intestino como si fuera un calamar aterrado, pero estoy tratando de ser amable). También, te gustaría leer más, ver menos televisión o estar en mejor forma. Ah, pero tu comportamiento no es tan autodestructivo como el de esos ejemplos, ¿cierto?

Esta es la cuestión: el sabotaje del que estoy hablando no solo se limita a esos ejemplos tan descaradamente obvios. También es algo que se manifiesta de muchas maneras a lo largo del día. Es algo que hacemos todos, y lo hacemos prácticamente todo el tiempo.

Puede ser algo tan simple como pulsar constantemente el botón de "snooze" para retrasar la alarma en la mañana o esa tendencia a llegar un poco más tarde de la hora programada. No es que llegues tan tarde como para que se convierta en un problema grave, pero siempre tienes que salir corriendo por la puerta mientras te pones los zapatos, aún sin atar, porque vas cinco o diez minutos más tarde de lo que hubieras querido. A veces sucede cuando, en lugar de desayunar, te conformas con una barra de chocolate. O quizás eres uno de esos procrastinadores compulsivos que siempre logra hacer las cosas a última hora, así que no piensas mucho en eso. Viviendo al límite, ¿eh?

¿Qué tal la vida así?

Es probable que también podamos encontrar ejemplos en tus relaciones. Piensa en esas ocasiones en las que te enfadas por una tontería, guardas rencor por demasiado tiempo, escondes o mientes sobre tus emociones, eres demasiado exigente contigo mismo o con los demás, o simplemente no llamas a tus padres o a tus amigos tanto como quisieras. ¿Estás seguro de que eso no es autosabotaje?

La realidad de todo esto es que, con el paso del tiempo, todas estas acciones atentan en contra de nuestras relaciones con los demás. Van minando y desestabilizando las relaciones saludables que tenemos con las personas a quienes más queremos, a veces hasta llegar al punto de que ya no nos importen.

Nos apartamos de las personas a las que queremos y lo justificamos. Vaya si lo justificamos. No hay nada tan dañino como el deseo humano de estar siempre en lo correcto.

¿Cómo puede eso NO ser un acto de autosabotaje?

En el otro extremo de la balanza están las personas que engañarán a su pareja o romperán con ella por puro capricho, una estrategia enrevesada para protegerse a sí mismos de ser lastimados en el futuro. Otros se volverán obsesivamente celosos por situaciones que ellos mismos se inventan y, de esta forma, provocan en el otro un sentimiento de disgusto y desconexión, hasta romper con la relación. Tú puedes ser alguien que haya hecho algo así. ¿Cómo te fue con esa estrategia? Existe algo a lo que llamamos la profecía autocumplida, que no es tan misteriosa ni tan glamorosa como a veces nos quieren hacer creer. A veces no es más que una forma de hacer implosionar nuestras relaciones interpersonales.

En cuanto a nuestra salud, el autosabotaje se puede manifestar cuando comemos todo aquello que nos hace daño en el momento equivocado, cuando dejamos de lado nuestras intenciones de ejercitarnos o cuando achacamos nuestra falta de acción a asuntos triviales de nuestro día a día. Podemos inventarnos excusas para fumar "un solo" cigarrillo o comer "un solo" pedazo de flan de queso o tomar una copa de vino (que, por supuesto, se convierte en más), para no acudir al doctor a una revisión médica o simplemente para no prestarle suficiente atención a nuestro cuerpo y a lo que este nos está diciendo.

Una vez más, estos no son ejemplos de casos graves. La mayoría de las veces se presentan de manera sutil, por lo que ni tan siquiera nos damos cuenta de lo que estamos haciendo o de por qué lo hacemos. Aun cuando podemos reconocer que estas acciones son un problema, no sabemos por qué las llevamos a cabo o no nos damos cuenta de que son parte de un patrón más amplio que nos está llevando por un camino predecible.

Faltar a la cita del dentista o comerse un pedazo adicional de bizcocho de chocolate no es gran cosa, ¿verdad? Eh… incorrecto. Realmente es solo una parte de un plan más amplio, un plan en el que no estás involucrado, al menos no conscientemente.

Como ves, esto del autosabotaje es producto de algo más grande que afecta todo lo relacionado con tu vida.

Por algo muy pocos son capaces de salir de la trampa de su propia mente. Y es que la trampa, con demasiada frecuencia, simplemente parece estar muy bien en el día a día.

Da un paso, o veinte, para atrás, eh, no tanto.

No debería extrañarnos, entonces, que esos grandes sueños que tienes parezcan prácticamente imposibles si tenemos en cuenta cuán difícil te resulta simplemente salir de la cama cada mañana. O sea, ¿en serio? Por un lado, estás hablando de que quieres publicar un libro, tener tu propio negocio o volver a estudiar, mientras tanto, has reducido el potencial de tu vida al noble objetivo de lograr despertarte con el primer sonido de la alarma o a esa lucha sin sentido para lograr apartarte de tu celular más a menudo.

Ahora bien, pregúntate a ti mismo, si es que realmente quieres progresar profesionalmente, ¿por qué necesitarías prestarles toda tu atención a problemitas de mierda como el no poder levantarte por las mañanas? ¿Por qué sigues pensando en cosas que no tienen importancia, en vez de preocuparte por aquellos asuntos y acciones que lograrán mover montañas, esos que realmente te ayudarán a progresar, a conseguir verdaderos logros y objetivos?

Si realmente querías tener una gran relación, ¿por qué rayos sigues criticando a tu pareja hasta que consigues que esa conexión que existe entre ustedes dos muera en tus propias narices? Y si realmente querías estar más saludable o perder peso, ¿por qué te empeñas en perder el tiempo como si no pasara nada y sin ningún tipo de inspiración cuando llega el momento de hacer los cambios que tú dices que quieres hacer?

No puedes seguir asumiendo posturas ordinarias si realmente quieres vivir una vida extraordinaria.

Tiene que existir una voluntad real de tu parte para levantarte, para alcanzar grandes cosas cuando te sientas obligado a tomar el típico camino fácil.

Ahora bien, no existe una poción milagrosa que haga despertar esa voluntad real.

No se trata de un sentimiento ni de una actitud, sino, más bien, de la aplicación del método "estoy harto de mis tonterías" en varias áreas de nuestra vida. Si eso te desanima, vuelve a analizarlo. Debería animarte y motivarte.

Seguramente te resultará difícil hablarte a ti mismo con la verdad, pero es una forma infalible de liberarte de la trampa de autosabotaje en la que se ha convertido tu subconsciente. Lo que hace que la autorreflexión sea desafiante es el hecho de que tú eres, al mismo tiempo, el que engaña y al que engañan.

Como ves, les atribuimos los problemas de nuestras vidas a dos cuestiones: o nuestro carácter ha fracasado o hay factores externos involucrados. Pensamos que es una cuestión de simplemente esforzarse más, de tener suerte o de saber más. Pensamos que simplemente no desarrollamos el negocio apropiado, que no conocimos a la persona adecuada o que no dimos con la dieta perfecta.

En la vida real, lo que conscientemente pensamos que queremos no está alineado con lo que, en las entrañas de nuestro subconsciente, nos sentimos motivados a hacer.

En las reflexiones que Marco Aurelio escribió para sí mismo, las cuales más tarde se convirtieron en sus *Meditaciones*, la famosa obra de índole filosófica, este estableció que

> *"El alma se tiñe con el color de sus pensamientos".*

En nuestra era moderna, nuestra alma es una tela *tie-dye* con los colores de todos los pensamientos, impresiones y sueños que hemos tenido o que nos han inculcado desde que éramos bebés. Así como el tinte se filtra y se fija en la tela, nuestros pensamientos están profundamente grabados en nuestra mente, en nuestro subconsciente.

Y, con demasiada frecuencia, no es del color que nos gustaría que fuera.

Ese color con el que has teñido tu alma, ese conjunto de reglas invisibles que están grabadas en lo más profundo de tu mente, en tu subconsciente, es lo que determina tu camino por esta vida. No son tu determinación, tus circunstancias ni mucho menos tu suerte.

La suerte es para aquellos que no son capaces de definir su éxito y, si no eres capaz de definirlo con claridad, seguramente nunca podrás repetirlo.

LOS TRES SABOTEADORES: UNA INTRODUCCIÓN

Si quieres comenzar a hacer algo con ese jueguito mental de autosabotaje que no es tan privado como crees, primero tendrás que sistemáticamente descubrir, para luego interrumpir, esas conversaciones que tienes contigo mismo. No estoy hablando de asuntos superficiales, sino de esos profundos, oscuros y constantes diálogos interiores que resuenan en tu mente y que dirigen todos tus pensamientos y emociones. En otras palabras, aquello que está debajo de la alfombra.

Esto permitirá que, finalmente, puedas reconocer a tus "tres saboteadores", esas tres afirmaciones internas que les están provocando un daño real y perdurable a ti y a tu vida. Los tres saboteadores son tus principales conclusiones sobre ti mismo, sobre las personas que son parte de tu vida y sobre la vida misma. Sé que se te hará difícil creer que toda tu existencia se está destruyendo por tres simples afirmaciones internas, pero es así, y en estas páginas no solo te ayudaré a descubrir cuáles son tus afirmaciones, sino a saber por qué te está pasando esto.

¿Cómo fue que aparecieron tus tres saboteadores? Trabajaremos en eso. ¿Cómo afectan tu vida (más allá de lo obvio)? También trabajaremos en eso.

¿Cómo puedes salir de esta mierda? Oh, también trabajaremos en eso. Créeme.

Para aquellos de ustedes que están todo el tiempo preguntándole a la vida "¿por qué?, ¿por qué?, ¿por qué?", también tengo respuestas para ustedes, aunque esa constante búsqueda de una respuesta es lo que, en muchas ocasiones, hace que nunca hallemos la respuesta que buscamos.

¿Por qué? Ay, ¡por favooooorrrrr!

Estoy aquí para mostrarte el funcionamiento interno de lo que te provoca el sabotaje. Vamos a empezar por el principio de tu vida e iremos trabajando hasta llegar hasta la misma punta de la lanza. Hoy. En los primeros capítulos vamos a dejar claro por qué los seres humanos tienden a sabotearse a sí mismos, aunque es justo decir que esa tendencia tuya a meterte con tu vida no surge de la nada. Hay ciertas situaciones que tienen que ocurrir en tu vida y en un orden específico. Algunas de estas son comunes a todos los seres humanos, mientras que otras te ocurren solo a ti. Vamos a descubrir qué significa cada una de estas situaciones para ti.

Esto requerirá algo de esfuerzo y, según vayas leyendo los capítulos, puede que te sientas agotado o en un estado de confusión o de miedo. No pasa nada. Lo importante es que no te rindas. Sigue adelante. Al otro lado de ese estado de confusión o de miedo está la vida que siempre has querido tener, pero que, por alguna razón, nunca has podido conseguir. De verdad.

Vamos a trazar, juntos, un límite.

Quizás descubras que el esfuerzo que le pones a la lectura de estas páginas es proporcional al esfuerzo que le has puesto a tu vida. Una afirmación de esa índole podría cambiar una vida. O no.

Sal del abismo (o de donde sea que estés metido) y *haz* que lo que sea que estés leyendo provoque una diferencia en ti. Al menos, puedes hacer *eso*.

> *Sin ambición, uno no empieza nada. Sin trabajo, uno no termina nada. El premio no vendrá a ti. Tienes que ganarlo.*
> —*Ralph Waldo Emerson*

¿Listo? Vamos.

03

La pregunta

Esto es lo que llamamos vida: deseamos lo nuevo, pero somos adictos a lo habitual.

La idea de escribir este libro surgió cuando me hice a mí mismo una simple pregunta:

¿Por qué?

¿Por qué *mi* vida es como es?

Cuando analicé mi vida, me di cuenta de que, en ciertas áreas, estaba tomando una dirección con la cual no estaba especialmente contento. Parecía que, independientemente del enfoque que asumiera, siempre había algo de inevitable con respecto a algunas áreas de mi vida. Mi estómago blandito. Mis finanzas. Algunas relaciones. O sea, maldición, a lo largo de los años he hecho MONTONES de ejercicios de crecimiento personal, ¿y TODAVÍA mi cuenta de banco se sobregira? Por amor a Dios, ¿dónde está *mi* helicóptero-avión-submarino privado? Yo quiero uno como el de Tony Robbins.

¿Cómo es posible que nunca haya conseguido un cambio *real* en estas áreas de mi vida? Y no es que no pueda ganar dinero. ¿Pero por qué rayos parece que siempre tengo problemas para ahorrarlo? Tampoco es que no sepa cómo mantenerme en forma. Pero ¿por qué siempre es algo temporal o pasajero? No importa cuánto lo intente, siempre caigo en estos ciclos de ganancias, pérdidas, ganancias, pérdidas y, a fin de cuentas, siempre regreso al punto de partida. A veces, después de dar tantas vueltas, ni siquiera regreso al punto de partida, sino ¡más *atrás*!

No importa que yo me dé cuenta de que estoy cayendo en el mismo ciclo y cometiendo los mismos errores. Como tú, ¡yo no soy ningún idiota! ¡Me doy cuenta de lo que está mal! Sin embargo, me sentía obligado a seguir haciendo lo mismo que siempre había hecho y, aparentemente, ¡no era capaz de impedirlo! ¿Cómo rayos? Yo sabía lo que *quería* hacer, pero no podía dejar de hacer las cosas de la misma manera que las había hecho siempre. En otras palabras, seguía volviendo a esos viejos comportamientos destructivos que me llevaban a la bancarrota.

Quizás debas tomarte un descanso en este punto para que reflexiones, por tu cuenta, sobre algunas preguntas. ¿Por qué haces lo que haces? Recuerda, ve más allá de la respuesta que normalmente te das a ti mismo. Piensa. Si continúas viviendo como lo haces actualmente, ¿a dónde llegarías? O sea, ¿a dónde llegarías *realmente*? No funciona una idea dispersa de tu futuro; tendrás que ensuciarte las manos y pensar realmente hacia dónde te llevan tus acciones. ¿Entonces? Es probable que encuentres que estas son preguntas difíciles de contestar, pero este es el tipo de análisis que podrá liberarte de tu trampa de sabotaje.

Antes dije que el autosabotaje no siempre se refiere a cuestiones grandes o intensas que arruinan nuestras vidas. Es importante que entiendas que existen millones de maneras, por muy pequeñas o insignificantes que parezcan, a través de las cuales saboteamos nuestras vidas diariamente. Ahora bien, tienes que ser capaz de darte cuenta de que hay un problema para poder solucionarlo. También es importante que entiendas que el autosabotaje puede llevarte a asumir comportamientos bien destructivos. Puede destruir matrimonios, separar familias, hacer que la gente caiga en las drogas, en el alcohol, en los juegos de azar, en adicciones sexuales, en infidelidades y en cualquier tipo de comportamiento tóxico que podría destrozar lo que una vez fue una vida decente.

En última instancia, nadie podrá verdaderamente joder tu vida tan eficazmente como tú puedes hacerlo. Es así como funciona.

Mi trabajo consiste en ayudar a las personas a que desarrollen el conocimiento necesario que les dé la fuerza para realizar cambios significativos en sus vidas. He visto cuán común es que las personas se estanquen en ciclos de comportamiento que, en la fría luz de la mañana, parecían oponerse totalmente a lo que ellos habrían dicho que querrían en sus vidas. Tanto hombres como mujeres en todo el mundo están atrapados en una corriente miope de diálogos internos y de patrones que los mantienen girando alrededor de una vida demasiado predecible.

No importa cuántas veces parezca que la vida va por buen camino, con el tiempo, siempre parece que se va a descarrilar.

Estamos construyendo cosas para luego destruirlas. Y estamos cansados de eso.

NO ERES UNA CATEGORÍA

En busca de una solución para lograr que nuestras vidas volvieran a ir por buen camino, leí en algún lado que lo que necesitamos es fuerza de voluntad o disciplina o algún otro término genérico que solo sirve para ayudarte a ti mismo a explicarte por qué no existe un cambio real en tu vida.

Pero estos términos son completamente inservibles. ¡No provocan ningún cambio!

De todas formas, ¿a qué se refieren con "fuerza de voluntad"? ¿A un sentimiento? ¿A una emoción? ¿A un estado de ánimo?

¿Y qué podemos decir de la "disciplina"? ¿Son pensamientos, acciones o también es un sentimiento? Y no me vengas con tu respuesta de calcomanía para carros, esa que inmediatamente te viene a la mente. Piensa un poco. Defínela. Todos usamos este tipo de palabras sin preguntarnos lo que en realidad significan.

Esto es lo que yo he encontrado: usar esta forma de pensar al momento de hacer un cambio real en tu vida no sirve de nada. Me lo sueltan a cada rato los nuevos clientes: "Yo lo único que necesito es un poco de autodisciplina" o "Es que yo no tengo fuerza de voluntad". ¡Es todo vudú! ¡No sabrías lo que es fuerza de voluntad aun si te pasara por encima con una motocicleta! Si crees que esta es la respuesta que buscas, lamento decirte que pensar así es como si creyeras que, para moverse, tu automóvil necesita un agua de baño apestosa que te cuesta alrededor de cuatro dólares el galón, o que el dinero que tienes lo consigues gracias a una simpática señora que se sienta en el almacén del banco a crear billetes de veinte dólares juntando recibos de Target reciclados con los mocos de un unicornio. Tonterías.

Por ejemplo, si eres uno de los mejores procrastinadores que jamás haya existido (y puede que todavía estés deliberando si lo eres), no creas que va a ser tan simple como que alguien venga a decirte, "Sí, eres un procrastinador, así que tómate dos dosis de fuerza de voluntad al día", y ¡LISTO! ¡Problema resuelto! ¿Realmente crees que el mundo entero confía en ti y que puedes seguir con tu vida, más motivado que nunca y devorando tus objetivos

pero no eres capaz de ver, así que te pasas la vida buscando en el lugar equivocado algún tipo de respuesta? ¿Y si todo está en tu subconsciente y por eso sigues atrapado dentro de esa trampa?

> *Cuando la imaginación y la voluntad están en conflicto y son antagónicas, siempre es la imaginación la que gana, sin excepción alguna.*
> —*Émile Coué*

Cuando Coué habla de imaginación, se refiere a tu subconsciente. Cuando habla de voluntad, está hablando de tus pensamientos conscientes y cognoscitivos. Cuando estos entran en conflicto, el subconsciente gana. Siempre.

Así que, si el subconsciente siempre gana, y estamos predestinados a jugar constantemente el mismo juego del sabotaje y la recuperación, una y otra vez, ¿no estaremos irremediablemente jodidos? Reconozco que esto, a simple vista, suena bastante triste, pero tienes que entender qué es lo que hace que el ser humano sea tan exitoso: la supervivencia.

LA SUPERVIVENCIA DE LO OBVIO

Contrario a la creencia popular, el que sobrevive no es el más fuerte, el que esté en mejor forma o el más inteligente.

Ya los dinosaurios nos enseñaron cuán errónea es esa teoría: algunos eran fuertes, mientras que otros eran inteligentes, pero lo de la extinción, ¡eso sí que no se lo esperaban!

Entonces, ¿quién es el que es capaz de sobrevivir?

Los pronosticadores. Los que son capaces de predecir un cambio con exactitud podrán adaptarse a ese cambio y, por lo tanto, sobrevivir. La buena noticia es que tú eres una máquina de predicción y, por tanto, de supervivencia. De ahí que nuestra especie haya sobrevivido por tanto tiempo. Nuestra capacidad para ver las cosas antes de que ocurran nos permite adaptarnos y mantenernos a salvo. Esto lo hacemos al recordar o estar al tanto de qué es bueno y qué es malo, qué está bien y qué está mal o qué funciona y qué no funciona. Y todo esto lo hacemos gracias a una fuente inagotable de memorias que tenemos guardadas en nuestro subconsciente, a modo de referencia, que nos sirven de guía. Te has pasado toda tu vida llevando la cuenta y siguiéndoles el rastro a pistas conocidas o familiares, para saber hacia dónde te diriges y así seguir un patrón de vida ya conocido o familiar.

Todas las mañanas de los lunes parecen iguales porque, incluso desde antes de que llegue ese momento, ya predices cómo va a ser. Este vaticinio está absolutamente en todos lados.

¿Esa primera cita a la que llegó tarde y no estaba vestido para la ocasión?

¿Una predicción? "¡Uf, imagínate una vida con ESO! *Nones... bye-bye*".

¿Eso es todo? Llegó quince minutos tarde, llevaba tenis, ¿y ya se acabó? ¡Sip!

Tu capacidad para predecir te brinda una mayor oportunidad para sobrevivir. En este caso, eliminas rápidamente de tu vida a aquellos que representan una total pérdida de tiempo o una amenaza a tu salud mental antes del matrimonio o de una relación a largo plazo. Y tus excelentes antecedentes para relacionarte con la persona ideal son testigos de tu puntería en este campo.

Claaaaaro que sí...

Predices tus relaciones, tus finanzas, el clima, la política, tu salud, tu carrera, lo que sea. Tienes una opinión sobre cómo todo esto (y más) va a ir.

Y todo sucede de manera automática, según lo dicta tu subconsciente en un instante. Es más, hay, incluso, cosas que no haces porque ya tú has determinado que son una pérdida de tiempo. *Previsiblemente.*

Utilizando ese mismo plan de predecir para poder sobrevivir es que dejas pasar ese libro que siempre quisiste escribir (predicción: no sé qué estoy haciendo, así que seguramente voy a fracasar), ese nuevo negocio que querías comenzar (predicción: demasiado riesgoso y voy a perder todo lo que tengo), el sueño de mudarte a Bali (predicción: ahora no es el momento, no va a funcionar, a menos que consiga más dinero), una nueva carrera (predicción: un día estaré listo para asumir esa responsabilidad, pero ahora mismo sería muy difícil para alguien como yo), esa relación perfecta (predicción: no voy a cometer los mismos errores, así que no hasta que pueda decir "es él" o "es ella"). No terminaríamos de enumerar todas las posibles respuestas automáticas que has podido activar en los confines de tu cabeza.

"Es muy difícil".
"No va a funcionar".
"No puedo hacerlo".
"No sé lo suficiente".
"No tiene sentido; no servirá de nada".

En términos de supervivencia, para vivir una vida larga y relativamente segura, no hay nada mejor que hablar continuamente de los mismos temas y problemas, para luego aplicar las mismas soluciones ya desgastadas e inútiles. Esa es tu propia matriz de viejas emociones, viejas quejas y viejas experiencias: tu realidad "no real".

Cada día es un nuevo día. ¿Verdad? Pues no, cada día es el mismo maldito día.

Bueno, al menos siempre sabes qué es lo que viene. También sabes que sobrevivirás, ¡aunque sabes que es una mierda! No hay incógnitas, no hay incertidumbre, no hay nada fuera de lo normal. No hay amenazas. Lo que hay es una simple y predecible participación. Asumes la misma postura para cualquier situación que surja en tu vida y sigues dándole vueltas a tu propia minitormenta con los mismos dramas y malestares de siempre. Puede que las circunstancias cambien, pero lo que no cambia eres tú y cómo ves las cosas, cómo te ocupas de ellas y, en última instancia, cómo llevas tu vida. El problema aquí es que suele ser difícil darse cuenta de esas predicciones automáticas que hacemos diariamente con el objetivo de sobrevivir. Es difícil descubrir los temas y las historias que se esconden detrás de los acontecimientos que forman nuestra vida.

Pero los humanos somos seres raros, y a menudo no estamos contentos con vivir una vida segura y predecible. ¡Queremos emoción! ¡Aventura! ¡Pasión! Y esa es la encrucijada en la que se encuentra el ser humano: por un lado, quiere predecir la vida y sentirse seguro, mientras que, por el otro, está sediento de nuevas experiencias y del encanto

Ya te habrás podido dar cuenta de que no es tan sencillo como levantarse un día y decirte a ti mismo: "Ok, este es el día en el que voy a darme cuenta de las relaciones de amistad desastrosas que hay en mi vida para terminar con ellas", o "A ver, ¿cómo puedo fastidiar mis finanzas en el día de hoy?", o "Ya que las cosas van bien con mi pareja, ¿cómo puedo destrozar mi matrimonio?".

Si te *estás* diciendo estas cosas a ti mismo, este libro no te va a salvar. Mejor intenta hacer yoga.

Si no estás arruinando tu propio éxito conscientemente, si no te levantas por las mañanas con la intención de echar por tierra eso para lo que has trabajado, por puro capricho o como parte de un plan maestro, entonces, ¡¿cómo fue que llegamos hasta aquí?! Me he dado cuenta de que debe ser algo que haces subconscientemente. Es la tentación, la necesidad, el impulso, o como quieras llamarlo, que sale de tu mente y te hace actuar de esa manera.

No es que te haga falta algo. Más bien, se trata de la presencia de algo. Es algo que nunca has entendido bien, pero que aparece en tu vida en ciertos momentos. Es algo que aparece sin avisar, como ese loco vecino que llega cada 4 de julio a celebrar el Día de la Independencia de Estados Unidos sin que lo hayas invitado.

Permíteme un momento
para explicarte algo sobre tu
subconsciente. Esto no es ninguna
psiconeuro-bazofia de autoayuda.
El subconsciente es algo real;
existe y te manipula como si fueras
una vieja muñeca de trapo.

David Eagleman, autor, neurocientífico y profesor adjunto del Departamento de Siquiatría y Ciencias de la Conducta de la Universidad de Stanford dice que "...la parte consciente —ese 'yo' que le parpadea a la vida cuando te levantas por la mañana— es solo una pequeña parte de la operación". Básicamente, estamos operando en base a algo de lo que, *la mayoría del tiempo*, ni siquiera somos conscientes de que está ahí.

Y lo que pasa con el subconsciente es que comienza siendo algo totalmente abierto y maleable; sin embargo, con el paso del tiempo, se vuelve estable. Rígido. Predecible. ¿Cómo sucede esto? Echemos un vistazo.

TODO ESTÁ BIEN

No siempre fuiste así, como eres ahora. No siempre pensaste que la mierda de tu vida "estaba bien" hasta el punto de que no te importara. Te has hundido en la mierda. Simplemente te encoges de hombros como aceptando que "así es como es" y después tropiezas.

Tuviste una vida de cielos azules y arcoíris (sin duda, breve) antes de toda esta mierda.

Pregúntale a un niño de primer grado qué quiere ser cuando sea grande. No hallarás ni uno solo, dentro de ese grupo de futuros astronautas y superestrellas de ojos brillantes, que reconozca un deseo ardiente e insaciable de ser un infeliz divorciado en la bancarrota, que muestre una devastadora baja autoestima o una tendencia a deshacerse de todo lo bueno que hay en su vida. Y, sin embargo, ¡aquí estamos, amigos!

¿Cuándo echaste todo *a perder*? ¿Cómo acabaste en esta trampa de autosabotaje? Como les ha pasado a muchos, probablemente no fue algo de la noche a la mañana, sino una serie de eventos en tu vida que aparentemente no estaban relacionados entre sí en los que *tú* hiciste unos cambios importantes y, al juntarse todos, te has quedado con una sensación muy distinta de lo que significa estar vivo. Tú eres el responsable de *tu* experiencia en esta vida, de lo que significa ser tú y vivir la vida de esta manera. Punto.

El problema es que no tenías ni idea de lo que estabas haciendo. Simplemente seguías adelante con tu vida, abriéndote paso, resolviendo problemas, yendo a por ellos, pero la realidad es que tú creaste y le diste forma a tu ser a través de esta forma de vivir.

Tú eres el responsable de que estés aquí, ahora, en este punto de tu vida, y voy a mostrarte cómo lo hiciste subconscientemente. O sea, cómo fue que jodiste tu vida. Pero también te mostraré cómo salir de esa mierda.

DE VUELTA AL PRINCIPIO

Vayamos al principio. Bien al principio.

No nos interesa tanto saber *cuándo* naciste, sino *cómo* eras cuando naciste.

Cuando llegaste a este mundo, todavía no habías desarrollado un subconsciente ni mucho menos una personalidad. No había ningún diálogo interno repetitivo y fundamental que te estuviera impulsando a actuar de tal o cual manera. No tenías ninguna opinión autodestructiva de ti mismo, no sospechabas de nadie ni sentías resignación por cómo había sido tu vida o hacia dónde se dirigía. No existía ningún tipo de autosabotaje.

Seguramente has escuchado decir que los niños son como "pequeñas esponjas", ¿verdad? Y probablemente has visto cómo los niños parecen absorber un idioma como si fueran unas esponjitas sedientas de nuevas sensaciones. Pues bien, esto es cierto en muchos aspectos; somos esponjas*. Piensa en cómo funciona una esponja. Esta absorbe aquello con lo que entra en contacto y se va expandiendo hasta que está llena de líquido. Ahora bien, ¿qué le pasa cuando dejamos que se seque? Se endurece y, así, queda atrapada cualquier basura que haya quedado dentro.

Ahora, piensa que, cuando naciste, eras una de esas esponjas mágicas y perfectas, que iba por las primeras etapas de la vida absorbiendo aquello y exprimiendo lo otro. Conforme fue pasando la vida, nunca te diste cuenta de que ese "jugo" se estaba secando, de que tu vida se estaba volviendo más predecible, un poco sedienta de cosas nuevas y emocionantes, hasta que un día, aquella húmeda y pequeña esponja mágica que formaba parte de ti se endureció. Y quedaron atrapadas, dentro de sus muchos huecos, rincones y cuevas, aquellas cosas que parecía que nunca podían exprimirse. Atrapadas para siempre. Una esponja manchada. Así es como funciona nuestro subconsciente. Al principio, está limpio y sin manchas, es maleable y aún no está definido. Pero ahora está bien establecido, es inmutable y cuenta con un propósito bien específico,

---

*Realmente no eres una esponja. Hago esta comparación para que tenga sentido lo que te estoy diciendo. ¡Supéralo, por amor a Dios!

el cual forma parte de su esencia misma. Y es un propósito que todavía no puedes ver.

Piensa en la conducta de los bebés. Más allá de sus intereses inmediatos dentro de ese pequeño mundo en el que viven, los bebés y los niños pequeños no tienen preocupaciones. Cuando pienso en las primeras experiencias de vida de mis hijos, es impresionante darme cuenta de lo poco que les importaba lo que les estuviese sucediendo. Yo me sentía mucho más jodido que ellos sobre lo que pasaba con sus vidas. No eran neuróticos ni depresivos, no eran procrastinadores o demasiado analíticos ni les molestaba nada; estaban más preocupados por vivir la vida que les había tocado. Y, en gran medida, era mágico. Tal y como lo fue contigo.

Nunca olvidaré cuando mi hijo mayor tenía dos años y su rostro se le iluminaba de alegría, emoción y aventura cada vez que saltaba a la piscina, se salía de la piscina, volvía a saltar a la piscina y volvía a salirse, una y otra vez. No se aburría ni se cansaba de hacerlo.

Hasta que un día sí se aburrió y se cansó. Cuando se hizo mayor.

Ahora bien, no te estoy diciendo que vuelvas a ser aquel niño de dos años que una vez fuiste. Aquí no estamos hablando de que babees tu camisa, te saques los mocos ni de que comiences a pataletear cuando alguien te obligue a hacer algo que no quieres. Yo sé que todavía haces algunas de esas cosas, pero ese es otro problema. Por cierto, no es nada *cool* sacarse los mocos.

Entonces, de lo que sí estoy hablando es de cómo, al principio de tu vida, todo era nuevo, emocionante y perfecto. Y, oye, sentías curiosidad por todo: desde lo más pequeño hasta lo más grandioso. Todo te interesaba. Aquella esponja mágica estaba absorbiéndolo todo, llenando cada hendidura de información, sin tener idea de la amenaza de sequía que cada vez estaba más cerca. Hasta que un día todo se secó y quedó fijado, y comenzó a desarrollarse una vida de autosabotaje con la firme convicción de mantenerte en una constante lucha.

SOBRE TU INMENSO, Y A LA VEZ LIMITADO, POTENCIAL

Aunque, cuando naciste, no necesariamente eras una esponjita completamente vacía, ya que naciste con ciertas habilidades que heredaste genéticamente y te arrojaron a unas circunstancias muy particulares (que explicaremos en los próximos capítulos), la realidad es que había un abanico de posibilidades inexploradas y que estaban por escribirse que pudiste haber adoptado. Ciertamente, naciste como algo que tenía un inmenso campo de posibilidades sobre lo que podrías ser. Eras alguien con un inmenso y vasto potencial.

> *Todo hombre nace como muchos hombres y muere como uno solo.*
> —Martin Heidegger

¿No es esa una GRAN cita? Naciste con una amplia gama de posibilidades que, poco a poco, has ido reduciendo a una sola. Según vas envejeciendo, tu visión de la vida es cada vez más limitada; te vas convirtiendo en una versión reducida, restrictiva y polarizada de lo que fuiste en un principio. En otras palabras, te has vuelto adicto a la versión de ti mismo en la que te has convertido y toda tu existencia consiste en perpetuar ese mito.

O sea, piénsalo: con todas las vueltas que ha dado tu vida, con todas esas posibilidades que existían para ti, y tú, por alguna razón, terminaste siendo de *esta* manera.

Ahora eres una versión bien específica y bien firme con unas características bien marcadas, con complejos y estados y comportamientos familiares.

Además, si eres como la mayoría de las personas, ahora te pasas una gran parte de tu vida adulta tratando de mejorar ese "yo" en el que te has convertido. Tratas de que esté más en forma, que sea más inteligente, más seguro de sí mismo, que se preocupe menos, que sea más exitoso, menos ansioso, más simpático, menos inseguro, más fuerte, menos indeciso, más atractivo, y así sucesivamente. Ahora eres un ser fijo y definible que tienes que mejorar y al que, con el tiempo, le tienes que ganar. Pero ¿por qué?

UNA TRAMPA PARA TU CEREBRO

Durante los primeros años de tu existencia, solo importaba aquello que sucedía a tu *alrededor*. No se trataba de *ti*. Tu curiosidad imperiosa por el mundo en el que habías nacido te tenía atrapado.

Lo que importaba era descubrir tu ambiente. Tu vida entera la viviste a través de diferentes momentos y tú estuviste "ahí", en cada uno de ellos.

Ay, cómo ha cambiado todo.

¿Ahora? Ahora tu vida gira *completamente* alrededor de ti: cómo *tú* te sientes (o no te sientes) o cómo *tú* te ves afectado por los demás. Todo se relaciona contigo: cómo *tú* puedes mejorar o cómo *tú* puedes cambiar. Vives una vida en la que estás constantemente tratando de que llegue ese día en el que todo resultará perfecto y aparecerá ese final con el que siempre has soñado.

"Ese día" en el que, finalmente , "te encontrarás a ti mismo" a través del azul índigo del ayahuasca, en las laderas del camino del Inca, cuando te den esa oportunidad en *Shark Tank* o ese gran ascenso que tanto has buscado, cuando te conviertas en el próximo supermillonario de Silicon Valley, en Tiffany Haddish, en Tom Brady o simplemente cuando te parezcas un poquito a tu ídolo, a tu hermana mayor, a tu mejor amigo o cuando aparezca lo que sea que estás esperando, ya sea grande o pequeño, accesible o prácticamente imposible.

Ese día del futuro en el que te conviertes en un jodido *ninja* y finalmente obtienes todo lo que querías. Y los pájaros cantan. Sí, los pájaros también aparecerán ese día.

Y eso es lo que te tiene estancado. Estás atrapado dentro de una lucha constante por ser libre y, sin embargo, tus palizas y tus retorceduras lo único que han conseguido es mantenerte estancado en el mismo lugar.

Existe un vínculo irresistible entre la felicidad y aquello a lo que le prestas toda tu atención. Por supuesto, lo mismo sucede con la infelicidad. Cuanto toda tu atención se centra, primordialmente, en aquello que está fuera de tu alcance, siempre habrá algo que nunca llegas a tener del todo. Y, entonces, luchas por tenerlo… y así se te va la vida.

Si te pasas la vida queriendo ser feliz, por naturaleza, siempre partirás desde un lugar infeliz.

Tú, como todos los seres humanos, vives cada momento de tu valiosa vida en busca de algo que, por supuesto, forma parte de tu futuro, sin importar si está a unos cinco minutos o a cinco años de tu presente.

Ahora bien, la paz, la felicidad o la satisfacción que buscas no está "ahí afuera". En absoluto.

Es una ilusión. Es una trampa para tu cerebro que se activa tan rápido como un clic.

Funciona como un anzuelo cibernético, como una suerte de titular sensacionalista sobre el que hacemos clic sin pensarlo dos veces. Andas detrás de ese apetecible y jugoso trozo de esperanza, estabilidad, triunfo o éxito, como si estuvieras hipnotizado, para que, cuando finalmente lo consigues, te des cuenta de que eso no era lo que estabas buscando. Ya sé lo que piensas: tú no, tú eres diferente; son otros los que hacen esas cosas y lo que tú andas buscando sí *va a* resolver tu mierda. Pues lamento decirte que tú también eres así. ¿Eso que actualmente persigues en tu vida? El trabajo, el carro, la casa, la ubicación, el negocio... de eso es que estoy hablando. Terminarás engañado. Luego, lo volverás a hacer y te volverás a engañar. Y otra vez. Y otra vez. Y otra vez. Y, después, morirás y ahí acabará todo.

Para que conste: ese día del futuro nunca va a llegar. ¿Por qué? Porque, aun cuando consigas grandes cosas, cuando sí logres llegar hasta *allí*, rápido te darás cuenta de que sigues siendo el mismo, sigues siendo *tú*.

TÚ realmente no habrás cambiado. Y ese es el problema: tienes una vida diferente, pero eres la misma persona. Y, a fin de cuentas, ¡eso es lo que quieres cambiar!

No surgirá una mejor versión de ti mismo, alguien más seguro de sí mismo o más lo que sea. Simplemente seguirás siendo tú mismo, pero con un nuevo logro en su haber que pronto pasará a formar parte de ese hoyo negro en el que se encuentran todos tus logros pasados. No funcionó, o sea, no resolvió lo que tú pensabas que ayudaría a resolver, no trajo la felicidad que estabas buscando, así que allá vas otra vez a caer en la trampa y a seguir haciendo pendejadas.

Probablemente estés diciendo ahora mismo: "Pues no, Gary, YO SOLÍA hacer eso, pero ya no. Ya yo he hecho el trabajo conmigo mismo, ya me di cuenta de lo que estaba haciendo y definitivamente ya no soy así". Eh… no. Lo que sucede es que ahora tu vida se ha vuelto un débil juego de ajedrez en el que, hasta ahora, has logrado evitar, minimizar o reprimir lo que te estoy señalando aquí.

Y eso no es vida, sino una estrategia. Tampoco has considerado el impacto que ha tenido en tu capacidad de expresarte y cuánto han disminuido tus ganas de sentirte vivo, así como tu potencial. Y ahí está la torpeza de tu astucia: el conformismo.

Como todos, tú también eres una versión reducida de lo que eras en un principio, sabelotodo.

CLIC

Aunque los neurocientíficos han encontrado que la conciencia puede comenzar a desarrollarse en el cerebro de un bebé desde los cinco meses de edad, no es hasta que tenemos dos años que cada uno de nosotros comienza a tener una idea concreta de un "yo", a tener conciencia de uno mismo, a reconocernos como individuos y a darnos cuenta de que no somos iguales a las personas y las cosas que nos rodean.

Clic. Que empiece el juego. Desde ese momento, tu vida, lo que forma parte de ella y tu marca especial de autosabotaje comienzan a formarse.

Comienzas a entender qué es vergüenza, qué son bienes y qué significa ser querido, amado y conocido.

Comienzas a hacerte a la idea de que eres "tú" el que está delante de ese espejo y que es esa imagen lo que otros ven cuando te miran. Estás desarrollando una primera opinión de esa bolita rellena de inocencia.

Muchos de ustedes aún hoy no pueden lidiar con esa sensación. Se sienten incómodos al mirarse a sí mismos, no se sienten a gusto consigo mismos y son adictos al cambio, o sea, quieren cambiar a como dé lugar.

Son más de autoreparación que de autosuperación.

Es así como uno se vuelve autoconsciente, o sea, consciente de sí mismo, y esta consciencia de uno mismo nos acompañará en nuestra adolescencia, en nuestra adultez y hasta el día de nuestra muerte.

Mucho después de que la inocencia de la curiosidad infantil se haya disipado a través de nuestras memorias, comienzas a hacer de lo extraordinario algo ordinario. Quizás no sea inmediatamente, pero, con el paso del tiempo, seguramente ocurrirá. Piensa en la primera vez que tuviste un teléfono celular. O el primer carro. O la casa de tus sueños. Recuerda que aquello era lo mejor del mundo. ¿Ahora? Bah. Estás en busca de la próxima reparación. Clic.

Esto no solo se relaciona con bienes materiales. También se relaciona con el amor, las relaciones, las amistades, las metas, los sueños y con todo aquello a lo que alguna vez en tu vida le tuviste algún aprecio o tenía algún valor. Todo se minimiza, se convierte en ordinario y lo mandamos a la mierda mientras andamos en búsqueda de algo más.

Ahora, detente un momento. En vez de mirar hacia adelante, vamos a detenernos aquí, en este instante, para hacer un balance de tu vida. Piensa en los sueños, los logros o las metas que se desvanecieron tan pronto los alcanzaste y en cómo los archivaste en tu memoria junto con aquel certificado de lectura de tercer grado, con la primera cita, la carta de aceptación a la universidad o aquel nuevo trabajo. ¿Y tú no pensabas que, si lograbas eso, haría una gran diferencia en tu vida? ¿Por qué, entonces, después de que lo consigues, lo echas a un lado para darle paso a tu último capricho?

FLUIR

Es comprensible que las personas sientan tanta nostalgia por sus años de infancia... muchos sienten que la serenidad de la niñez, la participación total en el aquí y ahora, son cada vez más difíciles de retener con el paso de los años.
—Mihaly Csikszentmihalyi

Mihaly Csikszentmihalyi, quien acuñó el ya famoso término "fluir", nos dice que, mientras más complicados se vuelven los seres humanos, tanto a nivel social como individual, más experimentamos la entropía psíquica, que no es más que una manera elegante de decir que, mientras más complicada se vuelve nuestra vida, más probabilidades habrá de que seamos más miserables. Nada, no hay NADA que pueda llenar ese vacío.

Y, como todo el mundo, tú has caído en la trampa de querer llenar ese vacío al tratar constantemente de arreglar lo que crees que está mal o que no está lo suficientemente bien sobre ti mismo o sobre tu vida.

Para los niños, no existe nada más allá del momento en el que se encuentran. Si lo analizas, esta es la esencia misma del zen. No sienten ansiedad por el futuro; no se preocupan por el pasado. Solo les importa el presente y cómo enfrentarse a él.

Es verdad, eras un jodido bebé zen, ¡y lo echaste a perder! Una vez que somos adultos, luchamos para alcanzar ese nivel de "fluir", el mismo nivel de felicidad desenfrenada que estaba presente en los momentos más sencillos de nuestras vidas, así que hacemos de *esto* algo que aspiramos conseguir, ¡como tantas otras cosas! Ahora puede que medites, reces, practiques yoga, hagas paracaidismo, te vayas a la selva, practiques deportes, leas y realices básicamente cualquier cosa que te haga olvidarte de la vida aburrida y monótona que has construido. Es así como intentas ser parte del brillo del presente para liberarte del impulso de seguir hacia adelante en una marcha a contra reloj. ¡El impulso por alcanzar tu zen!

Verificación de perspectiva: actualmente vives en un planeta en el que viven también millones de especies de animales, que está cubierto por océanos y montañas con montones de volcanes y cascadas y sigilosos desiertos; vives en un planeta que da vueltas en un universo sin fin, con estrellas y soles y sistemas solares que se extienden más allá de lo que tu limitada imaginación podría considerar; y, sin embargo, estás jodido porque tu trabajo es una mierda, porque estás cargando más peso del que querrías, porque tu nariz es más grande que la de tu amigo o porque tu teléfono es tres modelos más antiguo que el de todo el mundo.

En eso se ha convertido tu vida: en una competencia. En una búsqueda de amor, de admiración o de objetos materiales. Tienes a este milagro —tu vida— atrapado en una tediosa telaraña de expresiones insignificantes y superficiales sobre qué significa estar vivo. ¡Y después te preguntas por qué no eres feliz, por qué no estás satisfecho o por qué no te sientes realizado! O sea, ¡está justo delante de tu cara!

Ni siquiera te estoy pidiendo que seas agradecido (vamos, eso de ser agradecido ya se ha hecho HASTA. EL. CANSANCIO.). Lo que te estoy pidiendo es que te evalúes. Que busques más allá de tu ombligo y de esos miles de preocupaciones insignificantes.

Te estoy pidiendo que comiences a hacer un balance de lo que has hecho de tu vida.

Este es el momento; aprovecha ahora que estás sentado leyendo estas palabras. Esta es tu oportunidad. Tú, como la mayoría de los seres humanos, has permitido que tu vida se haya ido a la deriva, deambulando de drama en drama, sin una intervención real de tu parte. Esto no es una crítica, sino, más bien, algo que deberías aceptar ya. Lo que sea que hayas hecho o no, no ha sido suficiente para provocar un cambio real.

Si realmente quieres acabar con esto, tienes que comprometerte totalmente y hacerte a la idea de que, de una vez por todas, vas a terminar con la vida que has llevado hasta este punto. Es el momento de cambiar el rumbo. Hay que ponerle fin a esto.

Ahora vamos a pintar un cuadro, cuyos trazos, a veces, reconocerás. Al principio, algunos te parecerán confusos o, incluso, hasta un poco surrealistas, pero que no quede la menor duda de que esa esponjita mágica que eres se ha endurecido. Tienes que empezar por comprender qué es lo que se ha quedado atrapado en esos poros que fueron tan diligentes y cómo has sido engatusado por tu propio juego de la vida.

Recuerda que, primero, vamos a hacer un borrador en el que puedas plasmar el desconcierto de tu vida para, al fin, entender qué es lo que sucede. Llegados a este punto, probablemente no sea una buena idea que comiences a decirle a todo el mundo que finalmente ya sabes qué es lo que sucede contigo, que eres una esponja y que lo único que tienes que hacer es averiguar qué hay atrapado en los diferentes túneles y caminos, y que así lograrás resolver todo.

Yo no sé nada de *tus* amigos, pero, un arrebato de esa índole podría no caerle muy bien a mucha gente. Lo que pasa en el club de las esponjas se queda en el club de las esponjas. ¿De acuerdo?

05

Juego de valientes

En definitiva,
buscar quién
tiene la culpa no
resuelve nada.
Aunque recibas
una explicación
seguirás
estancado.

Así que, al nacer, eras una hábil y diligente esponjita mágica, libre de prejuicios y lista para absorber las emocionantes aventuras que la vida pudiera ofrecer. ¿Cómo fue que dejamos a un lado ese deseo y ese entusiasmo por vivir nuevas aventuras, para no estar más que saboteándonos a nosotros mismos una y otra vez?

Vamos a empezar a descubrir qué fue lo que se quedó atrapado en los recovecos de tu subconsciente. Hay dos factores que son los responsables de que vivamos una vida de sabotaje, de que esa esponja mágica se haya vuelto tan pesada y cargada de significado. En este capítulo hablaremos del primero de esos factores. Y, para hacerlo, debemos comenzar por hablar de aquello en lo que NO pudiste intervenir.

"¡¿AQUELLO EN LO QUE NO PUDE INTERVENIR?! ¿Eso me convierte en una víctima?".

Bueno, sí… y no.

Mira, yo sé que hay situaciones de tu vida que simplemente desconocías o en las que te sentiste obligado o forzado a participar o simplemente pensaste que no tenías otra opción. Bien. Aun después de todo eso, tienes la oportunidad de tener una vida exitosa y de calidad. Punto.

A lo mejor no fue tu culpa, pero, de ahora en adelante, te toca a ti arreglarlo.

Lo que te estoy proponiendo está basado en aquello que el filósofo alemán Martin Heidegger definió como la "condición de arrojado". Estamos hablando de situaciones de tu vida que tú no escogiste o seleccionaste, sino que te las *arrojaron* o te las lanzaron. En resumen, existían antes de que tú existieras, por lo que tú tuviste que adoptarlas y adaptarte a ellas demasiado rápido.

Déjame explicarte.

Nací en Escocia y soy escocés (esto ya lo expliqué, ¿te acuerdas?): esto no lo escogí. Puede que hayas nacido en Estados Unidos, en Canadá, en Francia, en China o en Yemen. Nadie puede elegir cuándo ni dónde va a nacer. Tampoco podemos escoger a nuestros padres, nuestra raza o nuestro género. Hay una letanía de cosas en las que no has podido intervenir y, sin embargo, tu vida está basada en ellas.

Todo eso forma parte de las circunstancias particulares que te han arrojado.

Tu genética —cuán alto eres, el color de tu pelo, cuán separados están tus ojos— es *parte* de lo que te arrojaron. La época en que naciste, si fue en la década del cuarenta o en la de los noventa (o, Dios no lo quiera, ¡¡en la del 2000!!), el estatus social o económico de tu familia cuando tú naciste, la cultura, las costumbres, el lenguaje... todo eso forma parte de lo que te arrojaron. Es más, tampoco tienes nada que ver con el hecho de que seas un ser humano. El hecho de que haya un sol, una luna y unas estrellas, unos árboles, una sociedad, unas leyes, unos carros, una ciencia, una escuela y que la vida gire alrededor de unas estaciones... eso también te lo arrojaron a la cara desde el mismo instante en que naciste y, desde entonces, has tenido que luchar con ello para darle sentido a toda esta locura.

¡Todo forma parte de las circunstancias particulares que te han arrojado!

Aquella esponjita mágica llena de inocencia llegó con una palmadita y a voz en grito la arrojaron a la marea de la humanidad y al trance hipnótico de "lograrlo".

No pudiste intervenir en nada de eso y, sin embargo, poco importa si te parece justo o no. No importa si te gusta, si lo detestas, si te molesta o si lo agradeces. Estás aquí y vas a tener que lidiar con eso tal y como lo han tenido que hacer todos los que nacieron antes que tú y como lo tendrán que hacer los que vengan después de ti. Aquí es que comienza el camino hacia la paz mental: aceptación. Aceptar no significa que estás de acuerdo o que te rindes, sino que aceptas algo por lo que es y por lo que no es. Punto. La realidad es que puedes aceptar lo que te arrojaron y vivir la vida sin sentirte atado a eso.

La aceptación es la puerta hacia el cambio real. También es algo sobre lo que tienes que reflexionar. Tienes que lidiar contigo mismo y con aquello que aún no has aceptado y con la carga que llevas por no aceptar las cosas tal y como *son*.

> *La libertad es lo que haces con lo que te*
> *han hecho.*
> *—Jean-Paul Sartre*

Una de dos: o aceptas todo tal y como es (hasta el más mínimo detalle) o vas a ser una víctima de ello. No hay un punto intermedio. O te adueñas de todo eso o todo eso se va a adueñar de ti. Debes saber que no todas las víctimas aparecen como almas en pena al borde del camino de la vida clamando por ayuda. Muchas de las víctimas son personas exitosas y motivadas que se resisten a la idea de que los consideren unas víctimas.

Déjame explicarte un poco más esto de que *te han arrojado* unas cosas en las que no has podido intervenir. Si eres, físicamente hablando, una persona grande (o bajita o ancha), probablemente te habrás inclinado por ciertas actividades en la escuela, como el baloncesto o las pulseadas (ok, a lo mejor las pulseadas no), y te habrás sentido motivado a practicarlas.

Asimismo, si tu cerebro está programado para retener mucha información, probablemente eras de los que se inclinaban a participar en actividades académicas.

A lo mejor tú eras ese niño al que no tomaban en cuenta dentro del ámbito deportivo o quizás fuiste ese que lo pasó francamente mal con las matemáticas en ámbitos más académicos. Si te criaste en la soleada California (el afortunado lugar al que te *arrojaron*), puede que hayas pasado tu infancia practicando el surf o andando en patineta, además de tener determinados prejuicios. Mientras tanto, el niño que se crio en la siempre gris y nublada Glasgow, con unos prejuicios completamente distintos al de California, lo que hacía era ver televisión en casa o jugar fútbol bajo la lluvia (sí, fútbol, que en español se refiere al deporte que en inglés llaman "soccer", por el amor a Dios).

¿Cómo rayos puede esto ser justo? Tú no escogiste ser poco atlético o malo en matemáticas, estar atrapado bajo una gigante y enfadada nube gris en Glasgow y, ciertamente, tampoco escogiste o amenazaste con escoger las opciones de vida que tuviste como niño. ¿O sí lo hiciste? No, no lo hiciste y, sin embargo, te las arrojaron de todas maneras. No importa dónde creciste y te desarrollaste, la realidad es que cada ambiente influye de alguna manera en tu desarrollo como persona y, aunque eres capaz de ver y explicar parte de esta influencia, no eres consciente de que existen otros grandes condicionantes en los que tampoco has intervenido. Esa esponjita mágica tenía mucho "jugo" para escoger. Y vaya que si escogió.

¿ÁRBOLES? ¿QUÉ ÁRBOLES?

Hay otra cosa a la que también "te arrojaron": conversaciones.

Y cuando hablo de conversaciones, no solo estoy hablando de las conversaciones generales de la sociedad, sino de aquellas que son específicas a tu familia, tu primer entorno, esas que han pasado de generación en generación y que tienen que ver con tantos aspectos de la vida como podrías imaginarte. Estamos hablando de un universo de opiniones dispersas que guardas en tu memoria desde sabrá Dios hace cuánto tiempo, y que están tan bien guardadas que ni siquiera te das cuenta de que están ahí. ¿De qué hablaba la gente antes y justo después de que nacieras?

¿Cuáles eran las conversaciones fundamentales que tenía la gente alrededor de ti mientras crecías?

Por ejemplo, si tus padres no tenían mucho dinero (y, probablemente, *sus* padres tampoco), naciste y creciste en un ambiente de estrechez financiera formado por *su* idea y *su* experiencia con las finanzas.

Por un lado, eso te puede haber ayudado a aprender el valor del dinero y a ser agradecido por lo que tienes. Ahora bien, hay muchos que logran salir de esta trampa conversacional y llegan a generar grandes riquezas. Sin embargo, la realidad es que es mucho más probable que, tal y como sucedió con tus padres, estés enfrentando problemas financieros. Su lucha se convirtió en parte de tu conversación.

Quizás te vaya *mejor*, pero actualmente vives de acuerdo con unas reglas y unos límites financieros implícitos que tú no estableciste y para los que, mucho menos, te pidieron tu opinión. No obstante, los has aceptado. Y nadie te obligó a hacerlo.

¿Qué pasaría si ahora estuvieras condicionado por una especie de techo de cristal, una barrera invisible que has creado tú mismo, un límite sobre lo que puedes y no puedes hacer con el dinero? ¿Y si dedicas tu vida adulta a tratar de alcanzar esa barrera invisible, no solo en términos financieros, sino en todos los aspectos de tu vida? ¿Y si todos esos "intentos" estaban diseñados para realmente llevarte hasta ese lugar?

El autosabotaje es lo que ocurre cuando alguien comienza a estar cerca de un logro financiero, es decir, cuando está a punto de alcanzar su sueño. Es en este momento que se dan cuenta de que deben descubrir una vida nueva e irreconocible.

De alguna manera, aparentemente por pura suerte o coincidencia (según ellos), tropiezan en el último minuto, empiezan a menospreciar su progreso y a tomar decisiones que arruinan todo aquello por lo que estaban luchando. Entonces, vuelven a vivir en base a ese campo de posibilidades que han heredado: lo seguro e incuestionable.

He tenido clientes que han construido fortunas en más de una ocasión. Están una vida entera tratando de llegar a ese lugar en el que quieren estar, lo logran, pero solo brevemente, para luego estrellarse una y otra vez. Tú también has tenido tu propia versión de esta historia en tu vida.

Los seres humanos están mucho más concentrados en llegar a la meta que en realmente conseguirla o, Dios no lo quiera, en el terror que produce el tener que lidiar permanentemente con la vida DESPUÉS de haber conseguido eso que siempre han querido.

Aunque suene contradictorio, aparentemente nos interesa más el esfuerzo invertido que el premio. Por eso es por lo que, una vez que alcanzas el éxito, vuelves rápido a la batalla. Al menos esto puede servirnos para entender por qué algunas personas, después de lograr grandes cosas, de cumplir sueños y fantasías añorados por mucho tiempo, de alguna manera u otra terminan en un camino de autodestrucción, para volver a su propia batalla personal. Las historias de los escándalos de Hollywood están repletas de cuentos como estos.

Una vez, un entrenador me preguntó: "¿Cuánto de lo bueno puedes tolerar?". No pude responderle; nunca había considerado la idea de que existiese algo "bueno" más allá de lo que yo aspiraba a lograr.

Entonces, ¿cuánto de lo bueno puedes tolerar? Quizás te asombres a ti mismo con la respuesta a esa pregunta. Claro está, si es que eres capaz de decirte la verdad. La vida que actualmente tienes debería servirte de pista.

EL HUNDIMIENTO DE UNA CONVERSACIÓN

Esas conversaciones que te arrojaron cubrían todos los temas de la vida y, sin que te dieras cuenta, se convirtieron en una parte importante de lo que, en última instancia, preparó el terreno para tu vida de sabotaje.

Conversaciones sobre relaciones, amor, amistad, éxito, lo que es bueno, lo que es malo, política, sexo, raza, fe, sobre lo que fuera, pero todas y cada una de ellas ya existían incluso antes de que nacieras. Algunas eran saludables, pero otras no. Algunas eran apropiadas, pero había otras extremadamente inapropiadas. No importa si tu familia hablaba sobre estos temas de manera abierta y con lujo de detalles o si apenas hablaba sobre ellos o si se refería a ellos en términos muy vagos, la realidad es que todas esas conversaciones han influido en tu desarrollo, de alguna manera u otra. Como ya te habrás dado cuenta, ese tipo de experiencia ha tenido un gran impacto sobre ti e, incluso, aún lo tiene, cada minuto de cada día y en cada aspecto de tu vida.

En este asunto no eres un ser único, pues a todos los seres humanos que habitan la faz de la tierra e, incluso, a los que aún están por llegar, les pasa lo mismo.

Los adultos (y algunos de los niños) de tu infancia involuntariamente te han transmitido unas creencias que *tú* has aceptado o has rechazado. Ahora bien, ¿dónde está toda esa información que escuchaste? Porque, seamos honestos, prácticamente toda tu infancia no es más que un reguero de pensamientos, sueños y olores borrosos que, ocasionalmente, reaparecen en nuestras vidas cuando pasamos por la tienda de donas de nuestro antiguo vecindario o cuando escuchamos a papá gritarle a la televisión. Entonces, ¿a dónde fue a parar todo eso?

Se hundió. Se fue navegando a la deriva entre las olas de tu consciencia hasta que las profundidades inimaginables de la Fosa de las Marianas de tu subconsciente se lo tragó. Y ahí sigue estando. Hasta el día de hoy.

Vamos, que da la impresión de que ahora mismo tú estás viviendo tu vida, conforme a lo que tienes delante de ti (realizas cosas, ves televisión, pierdes el tiempo en internet, conoces gente, pagas —o no— tus cuentas, manejas tu carro, te vas de vacaciones, haces amigos, juegas deportes, lees, escribes, sueñas despierto, te drogas, te emborrachas, sales, te enfadas), como si ninguno de todos estos viejos asuntos tuviera algún impacto sobre tu vida.

Se ha escrito muchísimo sobre hasta qué punto vivimos el día a día a un nivel inferior a la consciencia. La mayoría de lo que se ha publicado apunta a que, entre el 95% y el 99% del tiempo, nuestras acciones diarias están dirigidas por un impulso o un deseo subconsciente o que pasa desapercibido.

En un artículo publicado en la revista *Behavioral and Brain Sciences*[*], un grupo de investigadores liderados por Ezequiel Morsella, profesor adjunto de Psicología de la Universidad Estatal de San Francisco, se dio a la

---

[*]https://www.cambridge.org/core/journals/behavioral-and-brain-sciences/article/homing-in-on-consciousness-in-the-nervous-system-an-actionbased-synthesis/2483CA8F40A087A0A7AAABD40E0D89B2

tarea de estudiar qué exactamente es la consciencia, y el resultado definitivamente no ofrece un panorama muy alentador, pues llegaron a la conclusión de que realmente no es gran cosa. Apenas controlamos nuestros pensamientos conscientes; quien está realmente a cargo es nuestro subconsciente.

Carl Jung, a quien muchos consideran como uno de los padres de la psiquiatría y la psicología moderna (yo prefiero verlo como un filósofo y un visionario, pero bueno), habría utilizado el término *inconsciente* para hablar de tu subconsciente. ¿A que no suena igual cuando te dicen que estás inconsciente la mayor parte de tu vida? A que no.

Como si no estuvieras presente.

En otras palabras, vas con el piloto automático encendido prácticamente todo el día. ¡Incluso cuando pones en práctica tus recién adoptadas estrategias de *mindfulness* o concienciación plena! Parecería que tú tienes el control y se siente como si fueras un ser consciente, pero la realidad es que no lo eres. Vives en una nube de pensamientos y comportamientos automáticos disfrazados de consciencia. Por eso es que, cuando tomas la valiente decisión de cambiar, inevitablemente terminas volviendo a la misma rutina sin que te des cuenta.

Son tus pensamientos subconscientes los que te empujan a actuar de una manera u otra en cada momento del día. Estás atrapado en un viaje sin rumbo. A la deriva.

TU YO INVISIBLE

Tal y como se discutió en el capítulo tres, estás inconscientemente programado para la seguridad que se halla en la forma en que automáticamente siempre hacemos lo predecible de manera predecible, una y otra vez, mientras que, generalmente y conscientemente, deseamos algo nuevo y diferente.

El problema está en que, en el momento en que decides afrontar algo nuevo, aparecen esos comportamientos y patrones predecibles que ya son parte de ti. Estos mitigan tu deseo por algo nuevo, te tranquilizan con una buena dosis de duda o insatisfacción y te llevan a asumir las viejas posturas, seguras y banales (a veces, hasta destructivas), que te tienen atrapado ¡desde el principio!

El poder de ese predecible "yo" en el que te has convertido es demasiado magnético, devorador y muy poderoso. Somos seres conscientes, adictos a los patrones y a los ciclos de nuestro subconsciente y a los de nuestras reacciones automáticas a las circunstancias de la vida.

Hasta que lo inconsciente no se haga consciente, el subconsciente seguirá dirigiendo tu vida y tú lo llamarás destino.
—C. G. Jung

Y, aunque tengas un poquito de control sobre lo que piensas conscientemente, no piensas de forma activa sobre aquello que está en tu subconsciente ni lo tomas en cuenta. Es, pues, una masa gris y cambiante, formada por todo aquello que has experimentado en tu vida.

Guardas ahí adentro, en tu subconsciente, influencias de tu primer amor, de cuán frecuentemente te abrazaban (o no) tus padres, de tu pez dorado Pete y la imagen de su cuerpecito cuando lo tiraron al inodoro, de las visitas al dentista, de los huesos rotos, de tus amistades, de los "experimentos" con tu cuerpo, de tus fracasos, de tu vergüenza, de tus éxitos y de prácticamente todo lo que te puedas imaginar. Todo está en los recovecos de tu mente, así sea un incidente pasajero o un evento decisivo. Sip, todo está ahí, en lo más profundo del océano de tus pensamientos más distantes, animándote e impulsándote de una u otra manera hacia lo conocido y, en última instancia, hacia aquello que te limita.

Ciertamente, puedes explicar tu vida, ¿pero sabes *realmente* cuánto has podido intervenir?

Por ejemplo, quizás sepas *por qué* te enfadas. Incluso, puedes haber asistido a clases para controlar tu coraje y haber aprendido las técnicas y leído los libros que allí te recomendaron. Como a mucha gente, probablemente solo cuentes con las estrategias para evitar o para canalizar ese coraje, en lugar de, de una vez por todas, saber qué es lo que realmente está sucediendo. Ese impulso es lo que te sigue dominando.

¿Y qué me dicen mis perfeccionistas? Ustedes no nacieron siendo perfeccionistas, personas que se preocupaban por cada detallito de su vida, pero la realidad es que ahora sí lo son. ¿Qué están haciendo con eso? ¿Por cuánto tiempo más van a deambular por la ansiedad y la preocupación de *esta* trampa? A los perfeccionistas los mueve la mierda intrascendente e innecesaria que, en un momento dado, parecía ser completamente trascendente y necesaria. A la inquietud y el nerviosismo del deseo de que las cosas sean perfectas le sigue la desesperación que surge cuando se dan cuenta de que realmente nunca lo serán.

Y luego están aquellos que quieren ser completamente independientes. ¿Cómo les va a ustedes, ahí afuera, solitos? Quizás te has convertido en alguien demasiado motivado o egocéntrico o quizás pienses que eres algún tipo de hombre o mujer sabelotodo que no puede pedir o que simplemente no necesita ayuda. ¿A que esa estrategia subconsciente de hacerles creer a los demás que tienes todo bajo control está comenzando a afectarte? A que sí. Ese es el problema de querer ser independiente: que te vuelves un maldito solitario, aun cuando estás rodeado de personas.

La realidad es que, te identifiques o no con estos ejemplos, no tienes ninguna idea de qué es lo que específicamente forma parte de tu subconsciente o cuánta influencia este ha tenido en tu desarrollo como ser humano. Sin embargo, sí tienes que lidiar con sus consecuencias en cada momento del día. Eso es lo que llamamos vida.

Ignoramos una gran parte de lo que está en nuestro subconsciente, pues lo hemos llenado de incidentes, conversaciones y situaciones específicas que tu yo cognitivo ha determinado que podrían ser pertinentes en cualquier momento. Jung se dio cuenta de que nuestro subconsciente era la llave para liberar nuestro potencial.

Lo veía como nuestra mayor debilidad, pero también nuestra mayor fortaleza.

"¡NO SOY YO! ¡SON ELLOS!"

No ignoremos el verdadero y gran problema de esta situación. Mucha gente prefiere escoger el camino más fácil cuando está tratando de entender por qué su vida tomó el giro que tomó. Pues también debemos destruir, de una vez por todas, esta forma de pensar. ¿A qué me refiero cuando hablo del camino fácil? Por ejemplo, echarle la culpa a tus padres por la vida que tienes no sería justo; ellos son el blanco más fácil. Además, este es el camino más devastador, destructivo y dañino, no solo para ellos, sino también, y muy significativamente, para ti.

El tener los padres que tuviste ciertamente tiene mucho que ver con eso que te arrojaron. Ahí no pudiste intervenir. De hecho, es normal que decidas señalarlos a ellos como los responsables de por qué tú y tu vida son como son, de tu autosabotaje y de tu lucha por conseguir que tu vida siga el rumbo que quieres.

Aun aquellos que nunca conocieron a sus padres o que apenas los conocieron, y hasta aquellos cuyos padres ya han muerto, siguen jugando a eso durante mucho tiempo de su vida adulta. Es obvio. Y es normal. O sea, te dieron la vida, cometieron todos sus errores contigo, te trataron de esta o aquella manera, te hablaron de la manera en la que te hablaron, te fastidiaron. Un blanco fácil, ¿verdad?

Eh… no exactamente. Te vas a quedar atrapado en esa ecuación. De hecho, mientras tratamos este tema, ya hay algunos de ustedes que se están preparando para desatar una guerra en cualquier momento. Tranquilos. Sigan leyendo. Ustedes son quienes más necesitan leer esto.

Si estás leyendo esto pensando en que me estoy preparando para escoger un bando, estás en lo correcto.

LO HARÉ. ¡Estoy de TU lado! Pero eso no significa que tú y yo vamos a estar de acuerdo. Tengo el presentimiento de que podríamos diferir. Vale. Eso sí, aquí el que se está autosaboteando eres tú, y no yo (por lo menos, no en este momento). Es el momento de un cambio: tu cambio. ¿Estás de acuerdo conmigo? Lee lo que aquí está escrito con un compromiso en tu mente: lograr un cambio.

Antes de echarle la culpa a alguien, recuerda que a todos los que son parte de tu vida también los arrojaron al fuego y han tenido que vivir atrapados en *su* mierda, esa que heredaron, tal y como ha sucedido contigo. Ya sé, ya sé que, cuando estabas creciendo, se supone que tus padres tuvieran todas las respuestas, todo el conocimiento, y que fueran unos seres humanos perfectos, como los padres de tu amigo o como los que veías en televisión. ¿No?

¿Todavía piensas que tus padres debieron hacerlo mejor? Sí, quizás debieron. Pero, sabes qué, tú también, ahora mismo, podrías hacerlo mejor. ¿Qué te parece?

Todos somos seres humanos, tratando de tener éxito. A menudo, fallamos; a veces, lo hacemos de manera desastrosa.

A lo mejor eres de esos que describe su relación con sus padres con un simple "ok". El problema es que no siempre resulta ser una buena señal cuando recurrimos al "ok" para describir cualquier parte de nuestra vida, mucho menos algunas de nuestras relaciones más importantes.

A lo mejor ya esto lo resolviste y sacaste a tus padres de tu vida, así que ahora mismo te sientes bastante bien contigo mismo… pues no, esa tampoco es la solución.

Presta atención a lo que te voy a decir. Lo más importante que puedes hacer por tu vida es dejar de culpar a *alguien* (¡incluyéndote a ti!) por cómo ha resultado ser tu vida. Esto incluye a tus padres, tus amigos, tus vecinos, etc. Si esto te molesta o hace que te enfades, si ves que recurres a la discusión de siempre o que empiezas a enojarte como de costumbre, reflexiona un poco en estos momentos. Estás discutiendo para mantener tu vida tal y como está. ¡Estás defendiendo tu derecho a sabotearte a ti mismo!

Fíjate en cómo ese impulso emocional te *domina* por completo. ¿Qué te estás haciendo a *ti mismo*? ¿De qué está llena tu vida? ¿De coraje reprimido? ¿De un resentimiento silencioso? ¿Estás aferrado a la idea de que estás roto o muerto por dentro? ¿En serio? ¿Vale la pena? O sea… ¡¡¡POR FAVOR!!!

Es hora de que dejes de culpar a tus padres o a cualquier otra persona por cómo ha resultado ser tu vida. Esa explicación ya no tiene sentido. Esa vieja explicación ya no sirve. Aun cuando te haya tocado vivir en las peores circunstancias, te toca a ti cambiar tu vida para que sea mejor. Te toca a ti aprender, crecer y liberarte de tu pasado. Desde este mismo instante, tienes una opción.

ESTOY CONTIGO, TE GUSTE O NO TE GUSTE

Mira, yo sé que hay mucha gente que simpatiza contigo que pensará que lo que estoy haciendo es intimidarte o acosarte, que no sé de lo que estoy hablando o de las cosas que le pasa a la gente o que no tengo ningún tipo de compasión por los demás. Por supuesto, nada más lejos de la verdad.

Esto es lo que pasa: TU VIDA REAL la vives por momentos y, te guste o no, *siempre* estás en este momento.

Siempre me ha parecido gracioso que la gente diga "vive el momento", como si hubiera alguna maldita alternativa. Siempre estás aquí. Lo que pasa es que no siempre estás aquí para lo que hay aquí.

La pregunta es: ¿qué estás *haciendo* ahora mismo con este momento? ¿Para qué lo estás usando? ¿Estás pasando estos momentos preciosos de tu vida ahogado en resentimiento por la vida que te ha tocado vivir, los rasgos genéticos que no puedes cambiar o la telaraña de conversaciones que te han tenido atrapado bajo un techo de cristal? ¿O acaso te has decidido, por fin, a dejar de culparte a ti y a todos los que forman parte de tu vida?

En última instancia, el nombrar un culpable no resuelve nada. Para lo que sirve es para explicar y para mantenerte atrapado en lo mismo.

Esa es tu alternativa. Realmente es cuestión de elegir entre blanco o negro.

Escoge. ¿Por qué vas a luchar? ¿Por el pasado o por el futuro? ¿Por tu "yo" saboteador de mierda o por esa libertad tan deseada?

En este preciso instante, vas a hacer lo que siempre haces o vas a hacer algo completamente diferente. Siempre será así hasta el día en el que mueras. Hay que vivir de momento en momento.

Quizás es el momento para mostrar interés por algo diferente. No te puedes liberar si existen condiciones. O eres libre o no lo eres.

Debes estar dispuesto a enfrentar tu vida por lo que es, sin reproches, sin coraje, sin resentimiento. Fue como fue, tú resultaste ser quien eres y ahora es el momento de enfrentarla con miras hacia el futuro.

¿No sabes cómo hacerlo? ¡Ajá! ¡Yo tengo lo que necesitas!

Piensa, en este instante, en tu vida pasada. Quiero que te fijes, en particular, en tus orígenes y en tu crianza. Ahora, ¿cuáles son todas esas formas en las que has usado eso que te "arrojaron" para justificarte a ti mismo?

¿Qué justificas? ¿Tu mal temperamento? ¿Los tres dólares que tienes en tu cuenta de banco? ¿Tus relaciones pasadas? ¿Que no fuiste a la universidad o que reprobaste? ¿Tu figura? ¿Tu sentido de autoestima? ¿Tus amistades?

Indaga un poco sobre esto. Tómate tu tiempo para descubrir todas las formas en las que utilizas todo aquello en tu vida en lo que no has podido intervenir para justificar la vida que ahora tienes.

Te lo arrojaron. No tuviste opción, así que ahora ¡hazte cargo!

Piensa que esto es una forma de subcontratación. Te has dedicado, hasta ahora, a explicarte, a justificarte y a excusarte a ti mismo, dejando que las influencias externas se apoderaran de ti. Pues ahora es el momento de que comience un proceso interno para poner tu vida en orden y reconocerte a ti mismo como la única fuente real para lograr el cambio.

Eres tú y siempre has sido tú quien tiene el control.

Pongamos manos a la obra.

06

Establezcamos la verdad

Tu "verdad" y "la verdad" no son lo mismo, aunque hayas diseñado tu vida alrededor de tal idea.

Ya hemos tratado las dos partes fundamentales, las cuales incluyen cómo naciste —*como una esponjita mágica*— y qué te arrojaron —una vida en específico con condiciones ya prestablecidas sobre las cuales no tenías ningún control—. Esto requiere que, ahora, nos dediquemos a descubrir la pieza final del rompecabezas que sirve para completar el trabajo necesario para poder descubrir a tus saboteadores personales. Me parece conveniente que te recuerde que, una vez que comprendas los fundamentos de los cuales te estoy hablando en estas páginas, podrás entenderte a ti mismo de una manera real.

A esta pieza final la he llamado "tu verdad establecida".

Básicamente, tus años de formación no son más que ese periodo en el que estás estableciendo la verdad, tu verdad. Es el momento en el que se desarrolla tu mapa subconsciente de la realidad: tu verdad sobre ti, sobre el mundo, sobre las personas que te rodean y sobre todo lo que te rodea.

Es importante que aclare, en este instante, que "tu verdad" y "*la* verdad" no se refieren a lo mismo, aun cuando hayas diseñado tu vida en base a la idea de que sí lo son. No tienes idea de qué es *la* verdad, aunque jurarías que sí lo sabes.

Como ya hemos discutido, tu fuerza gravitacional hacia el autosabotaje está destinada a repetirse una y otra vez. Pero esto también se basa en una impresión, la impresión que tienes de tu vida hasta este momento. Como hemos señalado, tu pasado empieza dentro de las circunstancias a las que te arrojaron, pero eso solo era el comienzo.

No importa si piensas que has tenido una vida de mierda, sin acontecimientos importantes, o si crees que has tenido una vida fantástica, pues tu futuro se verá siempre afectado por cómo describes tu pasado, aunque no de la forma en la que crees que puede afectarlo.

Tu pasado es el modelo sobre el cual todo tu futuro se ha basado. Por eso, no debe extrañarnos que vivamos unas vidas de restricciones y frustración.

Cuando le preguntas a la mayoría de las personas cómo explican que su vida haya resultado como lo ha hecho, estas se refieren a una serie de acontecimientos importantes para poder responder. A algunos solo les tomará tres minutos responderte, pero a otros les tomará unas soporíferas tres semanas, con más giros y vueltas que un plato de fideos Ramen y mucho menos interesante que nuestros ondulados amigos deliciosamente económicos.

¿Cómo describirías el transcurso de tu vida hasta este momento? ¿Cuáles serían los acontecimientos importantes a los que harías referencia? Lo que sea que salga de tu boca en este instante es tu verdad establecida.

Básicamente tienes, como todo el mundo, una historia que narrar, una explicación predefinida de ti mismo, de tu vida y de por qué ahora haces lo que haces. A medida que vas tropezando por el camino de la vida diaria (y sí, es un tropiezo), te remites a esta "verdad". Ocasionalmente, recoges esas líneas viejas y muy bien ensayadas; de vez en cuando las utilizas para justificar o explicar; y, periódicamente, las utilizas para tratar de entenderte a ti mismo.

Hemos establecido unas normas estándares para justificar y explicar cómo somos como adultos. Siempre usamos el mismo *tipo* de explicación y aceptamos estas explicaciones cuando otros nos las dan, para que ellos también acepten las nuestras.

Ese es el tipo de conversación que tienes con tus amigos cercanos después de un segundo o un tercer trago, cuando dejan de hablar sobre tu programa favorito de Netflix para hablar sobre por qué te has sentido agobiado estos días. Relacionas el caos o el malestar de tu vida actual con algún dolor, sufrimiento o incidente de tu pasado.

Explicas toda tu vida en los mismos términos que usaron tus padres y tus abuelos para explicar las de ellos. Esta manera de explicar nuestras vidas pasa de generación en generación a través de las divagaciones de las conversaciones diarias. Los detalles podrán variar, pero la mierda sigue existiendo.

Por ejemplo, un extraño cualquiera puede, de repente, pedirte que le hables un poco sobre ti, presiona el botón de "información" y allá vas y te lanzas.

Empiezas por contarle a qué te dedicas, dónde trabajas o vives y, después de darle vueltas al asunto por un rato, lo sueltas:

"Nací en Búfalo y…" o "Soy el menor de tres, así que…".

O "Nací en los ochenta, por eso es que…" o "Mi padre era un infante de marina y…".

O "Mi mamá era maestra, así que…".

Ahora bien, esta no es más que la típica respuesta que alude a las circunstancias a las que te arrojaron, a situaciones en las que no pudiste intervenir. No tienes nada que ver con que tu padre haya sido un infante de marina, ¿verdad? Pero tú y yo sabemos que eso no se queda ahí. ¿O sí?

¡Claro que no! ¡Después viene lo interesante!

Cosas como: "Mi padre era un infante de marina y era demasiado estricto conmigo cuando era niño. No creo que realmente le importara. Parecía estar más interesado en su carrera que en cómo yo estaba. Es como si nada de lo que yo hiciera estuviera bien para él. En mi adolescencia, me volví algo solitario y nunca pude salir del todo de esa situación".

Puedes notar cómo una persona puede comenzar a darle forma a su vida en base a declaraciones de este tipo. Comienzan por cambiarse a sí mismos o sus circunstancias para evitar o eliminar ciertas cosas. Así van construyendo una vida y estableciendo una verdad.

DESARTICULEMOS LA VERDAD

Ok, hagamos un pequeño ejercicio.

Imagina que tienes en tus manos una taza de café negro caliente. De repente, alguien choca contra tu codo ¡y el ardiente líquido se derrama por todas partes! Salpica tu brazo, tu pierna y todo el piso. El dolor de la quemadura es intenso; el desastre, irremediable. Tus pantalones están completamente arruinados. ¡Y tienes una entrevista de trabajo en veinte minutos! ¡Necesitas cambiarte de ropa *ahora*!

Pero no puedes. Estás en un Starbucks. Estás a millas de distancia de tu casa y el lugar de la entrevista queda a solo quince minutos andando de donde estás.

Miras al hombre que chocó contigo y le dices: "¿En serio, viejo?".

Él se encoge de hombros, suelta una disculpa apenas audible y rápido desaparece. Como que le importa un comino.

Tu corazón se acelera, en tu cabeza hay una mezcla de pensamientos, mientras tu cuerpo tiembla de coraje y frustración, antes de sucumbir a la impotencia y a la resignación. ¡Con lo que te había costado conseguir esa entrevista! Estás jodido. Te vas para casa.

Bien. Ahora imagina que eres otra persona que está *observando* esta escena desde un rincón dentro del Starbucks. En vez de participar de la escena, ahora eres un observador.

Estás tranquilamente disfrutando de tu té y tu panecillo mañaneros cuando entra un hombre que llama tu atención. Parece estar inquieto y algo nervioso. Ordena un café, busca su billetera, saca su tarjeta de crédito y luego se le cae.

"Mierda", dice, con un tono cortante. Paga y se echa a un lado; hay varias personas más entre él y el mostrador donde se recogen los artículos comprados.

"¡Timmy!", grita el empleado.

"Eh, en realidad es TOMMY", contesta el hombre.

Tommy agarra su café, se voltea rápidamente, obviamente sin mirar hacia donde se dirige, y ¡PUM!, choca con un joven que tenía una taza de café en las manos y que no lo vio venir.

El café cae por todas partes.

"¡¿EN SERIO, VIEJO?!", le reclama Tommy.

El salón se queda completamente en silencio, mientras la gente se gira a ver dónde está el lugar de la acción.

El joven, evidentemente abochornado y tratando de huir de este espectáculo, se disculpa suavemente y se retira de inmediato.

¡¡¡YYYYYY... CORTEN!!!

Ahora, ¿cuál de estas dos versiones es "la verdad"?

Bueno, ambas lo son. En el primer caso, tú personalmente viviste cómo el hombre chocó contigo, lo cual aparentemente provocó que perdieras una entrevista de trabajo. En el segundo caso, en el que participabas como observador y no como un personaje principal, puedes ver que ambas partes tienen algo de culpa por varias razones. Si solo hubieras visto o experimentado la primera escena, habrías pensado que el culpable era el otro hombre. He ahí lo engañosa de la verdad: solo la vemos desde nuestra perspectiva. Ahora, quiero que pienses que este ejercicio es tu vida entera en un microcosmo. Lo que siempre has creído que es la verdad no es más que tu experiencia personal con respecto a los incidentes y las circunstancias que forman parte de tu vida. El problema está en que, en tu caso, has creído que esta experiencia personal estaba escrita en piedra y has fabricado una vida alrededor de ella.

"Está bien, Gary, pero y por qué no hablamos de *mi* verdad, ¿ah?".

Está bien, pero ¿y si el "hablar de tu verdad" es lo que te tiene atrapado? Que quede claro, me parece bien que cuentes tu verdad, siempre y cuando estés consciente de que no es más que tu verdad, es decir, lo que significó para *ti*. Eso no quiere decir que estamos minimizando o despreciando tu experiencia. Lo que quiero es que te des cuenta de cómo esta te fortalece, en lugar de convertirte en una víctima.

Tú eres una esponjita mágica impregnada de una infinidad de verdades establecidas sobre otras verdades establecidas. ¿Sorprende, entonces, que a mucha gente se le haga difícil liberarse de su pasado?

Están todos buscando en el lugar equivocado cuando se ponen a discutir con familiares y amigos para tratar de reconciliar un pasado que *ellos* ven como "la verdad" con personas que, obviamente, tuvieron una experiencia completamente diferente a la de ellos.

¡Y luego se enfadan por eso! Tu verdad NO es más que tu verdad y, si tu verdad no te entusiasma, quizás sea hora de que encuentres otra verdad. Si lo que acabo de decir provoca que te enfades, eso te debería dar una idea de cuán comprometido estás con tu propia versión del pasado, en lugar de dedicarte a enfrentar la vida que has forjado desde entonces y al futuro que actualmente te estás negando.

Piensa en lo que te estoy diciendo. Comienza a trabajar con lo que has hecho con tu vida. Evalúa las relaciones con tu familia, contigo mismo, la forma como te relacionas con el amor, el sexo, tu potencial y tus parejas. Evalúa, también, tus complejos, lo que te hace estallar, tus exabruptos y tus desilusiones.

¿En qué se basa, alrededor de qué se organiza y a qué está vinculado todo eso?

Esa es tu verdad establecida. Tu versión.

Volvamos al ejemplo de la niña cuyo padre era un infante de marina. En este caso, lo que la forzó a retraerse no fue el hecho de que fuera la hija de un militar. Mucha gente tiene unos orígenes similares y, sin embargo, las consecuencias son completamente diferentes. Fue la verdad establecida con la cual ella se conectó lo que la afectó. Ella se dijo que su padre estaba más interesado en sí mismo que en ella: esta verdad establecida fue lo que realmente provocó que ella viviera una vida solitaria.

El papá hizo lo que hizo. ¡Y ya está! Lo que ella hizo con su verdad establecida a partir de esa situación solo dependía de ella. No importa cuán mierda pudo haber sido tu pasado. Hay mucha gente que ha vivido experiencias terribles o devastadoras en su pasado y, sin embargo, de adultos han tratado de darles un giro positivo a estas experiencias, ya sea olvidándolas o tratando de "sobreponerse" a ellas. Se engañan a sí mismos haciéndose creer que ya "está superado" o que ya no los afecta. Están tratando de superar algo que han tomado de su ya manipulada y prejuiciada visión del mundo.

Puedo entender perfectamente que te hayan arrojado a una vida que incluía cosas descaradamente inapropiadas, a menudo injustas y, en algunos casos, hasta ilegales o inmorales. Lo entiendo y, si ese es tu caso, me da mucha pena contigo. Mi corazón realmente sufre por ti y por lo que has tenido que vivir, pero, al mismo tiempo, ¡mi mente lo que quiere es sacudirte!

Tu verdad establecida vive a través de ti. Tú la perpetúas. Ahora es toda tuya.

> *Una vez establecidas, estas verdades llegan hasta lo más profundo y lo más lejano y comienzan a apoderarse de tu vida, desde lo más remoto de tu pasado hasta que se meten en tu futuro como si fueran una sombra existencial. Te has vuelto adicto a ellas. O sea, estás obsesionado.*

Es como si estuvieras en tu propio *Hechizo del tiempo*, excepto que ya no es gracioso y Bill Murray no parece venir en el futuro inmediato para ayudarte con su humor seco y mordaz y su descarada sonrisa del medio oeste estadounidense.

¿A quién o a qué le has echado la culpa de que tu vida sea como es? A lo mejor tuviste una infancia turbulenta y triste o quizás fue una infancia aburrida y tranquila. La cuestión es que hay mucha gente que creció en circunstancias similares a la tuya y, sin embargo, no han resultado ser nada parecido a lo que tú eres.

¡A lo mejor vienes de un hogar agradable y placentero y tuviste la infancia de tus sueños! ¿Qué estableciste como verdad con relación a esta experiencia?

Mira, hay mucha gente que lo ha pasado mal en el pasado. Algunos fueron arrojados a la bancarrota, a otros los agredieron o les robaron o los engañaron, mientras que hay otros que tuvieron que actuar conforme a los deseos de otro que los dominaba, pero este tipo de cosas no te define a ti o quién eres. En lo que te has convertido no es el resultado de lo que pasó entonces, sino de las "verdades" que tú elegiste y a las que te has aferrado.

En nuestro ejercicio, había una cafetería, algunas personas y un poco de café derramado.

ESO ERA TODO. ¡¡NO HABÍA NADA MÁS!! Ahora bien, si te hubieras puesto a preguntarles a algunas personas sobre los incidentes y sobre qué fue lo que ellos vieron, entonces tendrías un sinnúmero de perspectivas, opiniones, valoraciones y un drama descarado.

¡Imagínate que todo eso quedara atrapado en esa esponjita mágica! ¡Cómo eso afectaría a una vida! Ahora piensa en la posibilidad de que tu vida entera no sea más que tu experiencia personal con esa vida. Es un ángulo: una manera de analizar tu vida que se ha convertido en mucho más que un simple punto de vista. Se ha convertido en la excusa perfecta para explicar por qué sigues cayendo en los mismos patrones destructivos. Pero no tiene por qué ser así.

UNA SITUACIÓN DIFÍCIL

Todo aquello que has identificado como "verdad" (cada incidente, cada escena, cada drama, cada alegría y cada malestar de tu infancia, hasta lo que has vivido hasta hace solo cinco minutos) es algo más que una perspectiva. No es *la* verdad. Es un ángulo desde el cual asumiste un rol como parte de la vida a la que te arrojaron. Todos tenemos uno de estos.

¿Cuál de ellos es "la" verdad?

Ninguno de ellos… o *todos* ellos. Pero no hay *uno* solo.

Has vivido pensando que "tu verdad" es objetiva, como si fuera un objeto sólido e inamovible que *es* de la forma que es. Pero no es así. Y por eso es que discutimos —en la política, en las relaciones, en los negocios y en nuestras familias—. Lamentablemente se nos va la vida en intentar reconciliarnos, en coincidir en una sola verdad cuando la realidad es que no hay una sola.

Por un lado, nunca podrás cambiar el pasado, pero, por otro lado, *puedes* elegir cambiar cómo lo ves y cómo lo interpretas, lo cual, a su vez, hará que cambie tu opinión de él. Y esto, a fin de cuentas, hará que cambie tu pasado en todo el sentido de la palabra. Al menos, cambiará cómo te afecta.

Ahora bien, esto también podría ser terrible para ti. ¿Por qué? Porque, quizás, hayas tenido que presenciar cómo tu familia se desintegraba, cómo tu vida amorosa se tambaleaba o cómo tus sueños se esfumaban, pues estaban organizados alrededor de tu versión de los eventos. Y has luchado por tu versión, te has empecinado con tu versión y, desde entonces, no ha habido quien te diga lo contrario.

Solo importa tu verdad, tu visión, como si fuera la única visión, la única verdad. Que se fastidien los demás y sus experiencias, ¿verdad?

Interpretar tu vida actual ahora podría volverse algo retador si tenemos en cuenta lo que acabo de contarte. ¡Ay no!

Es en este momento de la investigación que mucha gente comienza a sentir pánico, a buscar excusas para echarle la culpa a la genética o a algún misterio intangible de la vida que aparentemente ellos no pueden tener o no pueden cambiar. Existe una necesidad imperiosa por buscar excusas y justificaciones. Vas a empezar a darle vuelta al asunto y a excusarte en la idea de que algunas personas son simplemente más inteligentes, más talentosas, excepcionalmente fuertes o más intuitivas que tú, básicamente CUALQUIER excusa para librarte de la culpa de por qué tu vida lleva el rumbo que lleva.

También podrías empezar a decir que estoy desmereciendo o subestimando la gravedad de tu experiencia y que nadie podría entender tu "viaje". A lo mejor me convierto en otro de esos que nunca te entienden o que simplemente no supieron comprenderte. Entonces, puedes tirar este libro en medio de una rabieta y regresar a tu vida de mierda.

Solo para que lo sepas, en este momento me estoy agarrando la cabeza.

¿Tú? Estás haciendo de ti mismo una víctima de una vida nada memorable. Como la mayoría de las personas, prefieres justificar tu vida antes que intervenir en ella.

Ni modo, estás jodido, así que quizás lo mejor sería que te fueras a vivir a una cueva en las montañas. ¿Qué crees?

¡Por favor! Yo no voy a dar marcha atrás y tú tampoco.

Tu pasado es básicamente una justificación, algo que te inventaste para explicar por qué eres tú. Punto. Una excusa. Esta mierda tiene que acabar.

Sartre lo resume perfectamente de la siguiente manera:

Todos los soñadores corremos el riesgo de confundir el desencanto con la verdad.

Mira, en algún momento *tendrás* que hartarte de ti mismo y de tus justificaciones, pero hazlo de forma tal que no te conviertas en una víctima de *otra* cosa más. No estamos hablando de desesperación, remordimiento, lástima o cualquier otro estado negativo, pues esto de lo que se trata es de que, de una vez por todas, puedas tomar total control de tu vida. Seca tus ojos, siéntate derecho y finalmente sé sincero contigo mismo.

No importa cuál sea tu verdad; ella no te domina.

Si todavía te cuesta lidiar con esto, comienza por entender que, hasta cierto punto, sacas algún provecho de haber mantenido tus verdades establecidas como lo has hecho hasta ahora. Ese retorcer continuo para evitar asumir la responsabilidad de tu vida ha servido para probar y confirmar algo; para alejarte del daño que *tú* has provocado.

¿Así que piensas que estás jodido porque naciste en un estacionamiento para casas rodantes y nunca conociste a tu padre alcohólico; o porque tus padres se divorciaron; o porque, de niño, te acosaban en la escuela o alguien traicionó tu confianza o te manipuló? Quizás fuiste una estrella deportiva en la escuela y ahora solo eres una vieja gloria fracasada. A lo mejor no brillaste en la escuela y *esa* es la razón por la que ahora no intentas alcanzar el tipo de vida que requiere que seas aplicado académica o intelectualmente.

¿En serio? Está bien, a lo mejor tu vida no va por buen camino o, es más, sientes que es una mierda, pero las verdades establecidas que utilizas para justificarla ya no sirven. Al menos, no después de lo que has leído aquí. Esa verdad no te domina.

¡Deja de justificarte! Puedo escucharte ahora mismo decir: "Pero otras personas tienen ambición, y yo no tengo eso".

¿Así que a eso se reduce tu vida? ¿A un sentimiento? ¿A una sobrecarga interna y momentánea de tu estado emocional? ¿Estás esperando que esa pasión de repente aumente? ¿Por eso es que no has podido romper con este ciclo? Presta atención a lo que te voy a decir: ¡No eres diferente a los demás! Tienes todo este potencial, esta grandeza, sin aprovechar. Tienes cosas que aportar a esta vida y a la gente. Sin embargo, ¡dedicas tu tiempo a justificarte!

Vas a tener que enfrentarte a la idea de que, en realidad, tus verdades establecidas *no* te definen y que estas no son más que una excusa fácil y barata para justificar tu vida, como pueden ser también las circunstancias que te arrojaron. Estas funcionan para ti como una tarjeta gratuita para salir de la cárcel: una tarjeta fundamental, importante y justificada.

En resumen, la fiesta se acabó. Tú no te saboteas a ti mismo por problemas con mami o con papi, porque tengas problemas de confianza o de autoestima, ni nada de eso. ¡Ni siquiera tienes problemas! Ya esto lo dijimos: ¡no perteneces a una categoría! Esto no tiene que ver con lo que te hayan podido hacer o lo que te haya podido pasar ni con dónde naciste o tu suerte en el sorteo de la genética.

Tu autosabotaje se debe a algo completamente diferente…

Tu autosabotaje es el resultado de los *tres saboteadores*. Y ha llegado el momento de desenmascararlos.

> *Simplemente no existe una manera amable de decirle a alguien que ha dedicado su vida a una ilusión.*
> —Daniel Dennett

07

Los tres saboteadores

Te la pasas jodiéndote a ti mismo con el propósito de salvarte de lo que te jodió en primer lugar.

Tómate un descanso, si es que no lo has hecho hasta ahora. Hay mucho que digerir y la próxima sección será todavía más impactante, si es que has podido ir impregnándote de todo lo que hemos cubierto hasta ahora. Aquí va un resumen:

- Nada más nacer, te convertiste en una esponjita mágica, preparada y dispuesta a absorber todo lo que el mundo te presentara.
- Luego, a esa esponja mágica la arrojaron a una vida en la que no ha podido intervenir. No podías hacer nada con lo que te tocó, así fuera la genética, la situación familiar, el lugar o las circunstancias en que naciste.
- Lo que estableciste como verdad, eso a lo que te aferraste de entre todo lo que te arrojaron, te tiene atrapado. Ahora bien, tu verdad establecida no es más que una perspectiva, y esta no te domina.

Todo esto se juntó y se convirtió en el escenario dramático contra el cual has tenido que luchar para vivir tu vida. Todas las noches tienes que subir a escena delante de un público compuesto solamente por una persona: tú.

Si lo crees pertinente, vuelve y repasa lo que consideres necesario para asegurarte de que estás listo para lo que viene. Piensa, específicamente, en aquello que te arrojaron en tu vida. ¿Qué cosas no podías controlar? ¿De qué manera te has estado diciendo a ti mismo que estas cosas te han moldeado? ¿Qué verdades establecidas tienes sobre cosas de tu pasado? ¿En dónde te quedaste estancado?

Este capítulo es como un pequeño puente que divide dos partes. Por un lado, está el trabajo preliminar que ya hemos completado, por otro, hallaremos la esencia misma de tu subconsciente. Hemos llegado a la parte del libro en la que comenzamos a desvelar lo más profundo de las conversaciones en tu subconsciente, eso que te impulsa a vivir la vida de la manera en la que lo haces y que te ha llevado a ser quien eres.

Esta es la razón por la cual no puedes dejar atrás tus patrones de autosabotaje. *Esta* es la razón por la cual tu vida está en un ciclo de mierda que ocasionalmente rompes, solo para volver a él más tarde. Todo lo que he dicho hasta ahora ha sido con la intención de que llegaras a este punto.

Como has podido comprobar, existen tres cosas que son fundamentales y duraderas, tres conceptos básicos de la vida que surgieron de las circunstancias a las que te arrojaron, de ese sinnúmero de verdades establecidas que quedaron atrapadas en aquella esponjita mágica. Son manchas permanentes e inamovibles de tu subconsciente que moldean y retuercen todo lo que ves y todo lo que escuchas.

A estas tres cosas yo las llamo los "tres saboteadores".

Los tres saboteadores son el punto focal a partir del cual todo debe comenzar y a donde todo debe regresar, no importa cuán lejos llegues ni cuán grandiosa pueda ser tu vida. Tienes la obligación interna de regresar a esas cosas, sin importar el daño que esto pueda causarte.

Primero, déjame explicarte qué es un "saboteador".

Un saboteador es una conclusión subconsciente a la que llegaste en un momento específico de tu vida; es una especie de marca indeleble que permanecerá contigo toda la vida, hasta el día de tu muerte.

Puedes cambiar la forma en la que te relacionas con tu pasado, puedes liberarte de la carga emocional que llevas contigo, pero no podrás cambiar o borrar la esencia de tus conclusiones. Simplemente están ahí, y siempre lo estarán.

Quizás pienses que estas son malas noticias, pero no. El descubrimiento de tus conclusiones particulares bien podría ser ese empuje que necesitas para poner y mantener tu vida en orden.

A mí me gusta pensar que mis saboteadores son mis faros en la noche. Cuando me topo con ellos, es como si recibiera una señal de alerta para advertirme que estoy a punto de comenzar a navegar en dirección hacia mi vida estándar y predecible. Es mi profecía autocumplida. Puedo darme la vuelta y alejarme de ellos si soy capaz de reconocerlos.

Tú te riges por estas tres simples conclusiones y, si lo piensas bien, te darás cuenta de que puedes identificarlas por el efecto que estas tienen sobre ti y sobre tu vida.

Tus acciones *siempre* están alineadas a tus conclusiones. A lo mejor no puedes ver la piedrita que cayó en el estanque inmediatamente, pero sí podrás ver las pequeñas olas que su caída produjo.

CONCLUSIONES CONFUSAS

Entonces, ¿qué son estas conclusiones? ¿Cómo puedes empezar a identificarlas en tu vida?

Más o menos hacia el final de las primeras dos décadas de la vida, esos primeros años de formación en los que tu desarrollo físico y neurológico está en su etapa más decisiva, tú, como todos los seres humanos, llegaste a una serie de conclusiones fundamentales sobre:

- ti mismo
- los otros
- la vida

Estas conclusiones son bien diferentes entre sí. Cada una de ellas se aparece en tu vida de una manera única y distinta y, cuando se combinan unas con otras, pueden minar tu potencial. Ellas distorsionan todo. Tuercen todo. Y, en última instancia, te agobian con la vida que actualmente llevas, esa que estás intentando cambiar.

Antes de que te alteres, déjame decirte que hablaré detalladamente sobre las tres en los próximos capítulos. Mientras tanto, piensa que todos los días de tu vida miras al mundo a través de un entramado de heridas, pequeño y ajustado, que has creado tú mismo. Estamos hablando de una infraestructura interna y constante que tú elegiste inconscientemente y que guardaste para poderla utilizar como guía en el futuro, para mantener una vida segura y poder sobrevivir. Para seguir en lo mismo.

Eso es lo paradójico: que la infraestructura es lo que te obliga a mejorar (y a tomar riesgos), pero, a su vez, esa misma infraestructura necesita reafirmar su existencia constantemente porque es lo que te da seguridad.

Permíteme que sea un poco ordinario para explicar lo que acabo de decir: ¡Tú vives jodiéndote a ti mismo constantemente para que después puedas salvarte una y otra vez de lo que te tiene jodido desde el principio!

Día tras día, semana tras semana, año tras año… siempre te ves a *ti mismo* de la misma manera, ves a los *otros* de una manera muy específica y ves la *vida* como siempre la has visto. ¡Hablemos de ser predecible!

Vamos. Comencemos por el saboteador que podría causarte más dolor: tú mismo.

08

Tú

Te has enamorado tanto de tus soluciones provisionales, del espejismo del futuro, que no te das cuenta de que son una ilusión.

El primer saboteador en el que nos sumergiremos es el que tiene que ver con tu conclusión sobre ti mismo.

Yo lo llamo tu "conclusión personal".

Así como lo lees: tú has llegado a una conclusión bastante demoledora y repetitiva sobre ti mismo. Hay un murmullo en el abismo de tu subconsciente que te consume. Opera en un segundo plano, dentro de tus pensamientos. Funciona bien. Te incita, te empuja y te impulsa a trabajar contigo mismo, pero, a la larga, te devuelve al murmullo. Y es personal.

Ahora es que comenzarás a entender tu autosabotaje para que, entonces, puedas ponerle fin a ese comportamiento. Hasta ahora, habíamos estado preparando el terreno con algunas ideas abstractas sobre cómo nos convertimos en las personas que somos hoy en día, pero ha llegado el momento de abrir los ojos. Es el momento de que se convierta en algo real para ti. Esta es la primera y la más importante de las conclusiones que necesitas comprender para que finalmente puedas dejar de sabotear tu vida.

Tu conclusión personal surgió así: durante tus años de formación, atrapaste, sin darte cuenta, un puñado de artículos "valiosos" en tu esponjita mágica —algunos los atrapaste al principio de tu infancia, mientras que otros llegaron más tarde— sobre quién eres, cómo te ves a ti mismo, tus habilidades y, sobre todo, tus defectos.

Especialmente esos defectos, porque las conclusiones *nunca* son positivas.

Ahora bien, aclaremos algo rápidamente: no puedes decirme que tu conclusión personal es "¡Soy increíblemente fantástico!". Simplemente, no es así.

Podrás decirte eso a ti mismo, con una sonrisa de oreja a oreja. Es más, te lo podrás hasta creer, pero la realidad es que ese es el tipo de mierda que se queda fijada, como si fuera laca, y que las personas se dicen a sí mismas para sobrellevar lo que se esconde debajo de la superficie. Es un plan para vivir una vida de vértigo, para, de alguna manera, añadirle algo de brillo, como si fueras un caballito de *My Little Pony*, a la densidad inamovible de la versión más ignorada, tolerada y mejorable de tu ser.

Ahora bien, la realidad es que muchas personas ni siquiera se dan cuenta de esa conclusión, de lo que piensan de sí mismas, porque están tan ocupadas, enfocadas y atrapadas en la vida que están tratando de construir que nunca reflexionan o evalúan por qué es que están viviendo de esa manera.

Estás tan encantado con tus soluciones temporeras, seducido por la ilusión de un futuro, que no te das cuenta de que es un engaño. Igual le sucede al pececito que sube a la superficie cada vez que asomas tus dedos por encima de la pecera en la que está atrapado. Siempre terminas engañado.

Ahora bien, el que tengas conclusiones negativas no significa que no puedas experimentar felicidad, alegría u optimismo. Todos vivimos la vida de esa manera, pero de lo que estamos hablando es del "punto de partida", de ese ser en el que se basa todo en tu vida.

Tampoco vas por ahí caminando con estas conclusiones *constantemente* en tu mente, en el primer lugar de tu lista de cosas por hacer, mientras vas al supermercado, te subes al tren o estás espatarrado en el sofá recibiendo tu dosis regular de *Juego de tronos*.

Más bien, tu conclusión es esa capa de vaselina que cubre la vista de tu vida diaria y hace que veas todo un poco borroso y oscuro y que, a veces, puedes reconocer.

(A menos que estés fracasando en algo. Ah, si ese es el caso, entonces está justo en medio de tu cara, asfixiándote la vida).

Tu conclusión personal es como una especie de guía interna que nunca cambia y que siempre te acompaña. Te mantiene atado a la vida que tienes y siempre regresa a tu mente, no importa cuán buena sea tu vida. Es como si tratáramos de aguantar una bola de playa debajo del agua: podrás hacerlo por un tiempo, pero, a la larga, subirá a la superficie.

Por supuesto, la conclusión sobre ti mismo es lo negativo, pero también estás dispuesto a mejorar tu vida y a ti mismo, así que, de vez en cuando, aparece algo convenientemente positivo que te ayuda a sobrellevarlo, para que, al menos temporalmente, te quedes con la impresión de que realmente ESTÁS bien, que vas por buen camino, que esto ACABARÁ y, a veces, con la impresión de que, después de todo, HA ACABADO. Sin embargo, después regresa. Ese es el sube y baja de tu vida. Tú existes dentro de ese ámbito de acción: de aquí para allá; de arriba hacia abajo. Das dos pasos hacia adelante y luego dos hacia atrás. ¡Y así es como estás programado para vivir! ¡Ahí está! Las circunstancias cambian; tú sigues siendo el mismo.

En gran medida, tus circunstancias no son más que el contexto dentro del cual tu conclusión puede salir a bailar. Todo el mundo está trabajando con sus circunstancias. ¿Debería extrañarnos que la conclusión permanezca?

Tu conclusión sobre ti mismo siempre comienza con "Yo".

Son cosas como:

> "Yo no soy lo suficientemente inteligente".
> "Yo soy un perdedor".
> "Yo soy diferente".
> "Yo no valgo".
> "Yo no soy capaz".
> "Yo no me siento querido".
> O, incluso, hasta lo más patético: "Yo soy un inútil".

A lo mejor te identificas con algunas de estas frases, o con ninguna. No obstante, la pregunta que tienes que contestar es la siguiente: "¿Qué he concluido acerca de *mí mismo*?". Esta es la impresión principal que tienes de ti mismo, el diseño inherente que continuamente estás tratando de vencer y, sin embargo, de alguna manera siempre vuelves a él. Es tu conclusión particular.

Es eso que te dices a ti mismo cuando nadie está mirando, cuando no hay nada que probar, nadie a quien impresionar. En ese momento en el que están solos tú y tus pensamientos.

Todo tiene que ver *contigo*. No existe nadie más. No hay nada ajeno a ti o alguna circunstancia que estés enfrentando. Solo tú. Y, *para* ti, cuando todo esté dicho, será *la verdad de las verdades* cuando te sientas presionado por la vida y nadie pueda decirte lo contrario.

Por ejemplo, si te sientes abrumado por la conclusión "Yo no soy lo suficientemente inteligente", entonces no sirvieron de nada todos esos años en los que tus maestros, tu mamá o tus amigos estuvieron diciéndote que *eres* inteligente. Para ti, ellos simplemente no "entendían" nada. Quizás te trataban como si hubiera algún problema contigo o quizás ¡TÚ pensabas que había algún problema contigo! No hay logros, reconocimientos, certificados, conocimiento, señales, sistemas o elogios que puedan liberarte del dominio de tu propia conclusión. No importa la recompensa, con el tiempo siempre vuelves al principio, a ese "Yo no soy lo suficientemente inteligente". *Nunca* es suficiente.

Piensa en eso por un momento.

Piensa en ti mismo y en cómo tu experiencia de vida se ha vuelto persistente e insistente.

Ahora, ata los cabos.

Te voy a ayudar con un ejemplo de una conclusión personal muy común entre muchas personas: "Yo soy un perdedor".

Ahora, imagina tu vida con *esa idea* constantemente en el fondo de tus vagos pensamientos. Cada vez que te sientes presionado, estresado o si fracasas en algo, aparece inmediatamente:

"Yo soy un perdedor. Lo sabía. Aquí vamos otra vez. ¿Qué pasa conmigo? ¿Por qué no puedo hacer algo bien?".

Produce una oleada de pensamientos y emociones conectados entre sí, de forma automática. Este es el tipo de pensamientos que se relacionan con esa conclusión fundamental. Van creciendo y desarrollándose hasta que la conversación aumenta: "Yo no puedo hacerlo", "Es muy difícil", "Es demasiado". No es solo un pensamiento o un ruido de fondo. Cuando se activa, cuando es un ruido muy fuerte, estás dentro de *ese mundo*. Te controla.

Imagínate *toda una vida* así. Imagínate el impacto desgarrador de *eso* cuando te despiden del trabajo, tu novia te abandona, le dan a otro ese ascenso que querías o tu mejor amigo acaba de anunciar que consiguió ese trabajo ideal que consiste en irse a Tahití a probar bronceadores orgánicos, mientras tú haces todo lo posible por rendir las tarjetas de celular de treinta dólares al mes que vas encontrando en el asiento de atrás de tu auto a punto de desmoronarse.

Ahora entiendes por qué ese pensamiento positivo o esas afirmaciones personales tales como "Yo soy suficiente" o "Yo soy exitoso" parecen tan falsas, tan jodidamente inútiles y débiles, pues muy en el fondo, en lo más profundo de tu ser, hay un dolor lacerante. Tú eres un perdedor, y nadie podrá convencerte de lo contrario.

¿Y sabes qué? No todo el que tiene ese tipo de conclusión interna vive en una camioneta a la orilla del río. ¡No!

Pueden ser abogados, doctores, maestros y cualquier tipo de persona "exitosa" en nuestra sociedad que te puedas imaginar. Van por la vida creyendo que, básicamente, *ellos* valen menos y que no están a la altura de los demás. Todas las mañanas, salen de la cama, arrastran los pies hasta la ducha, se visten, se obligan a beber un poco de café y se sumergen en su rutina diaria. Cuando llegan al trabajo, comienza el partido: juegan a que su conclusión no existe. Evitan y manipulan a aquellas personas y situaciones que les recuerdan a su propia conclusión.

La mantienen escondida, guardada, fuera de la mente y fuera de la vista. Esa es su lucha. Es una lucha diaria entre la peor versión de sí mismos y el límite de lo que consideran posible, un límite que ha sido derribado, reducido y disminuido con el paso de los días, las semanas, los meses y los años.

¿Sorprende, entonces, que estemos tan resignados a vivir la vida que tenemos?

Somos lo que aparentamos ser, así que debemos tener cuidado con lo que aparentamos ser.
—Kurt Vonnegut Jr.

Ya no recuerdas *cuándo* ni *por qué* comenzaste a hacer pendejadas, pero estás tan metido en ese drama y le has dado tanta importancia que hasta te lo crees todo a pies juntillas.

Una vez más, no quiere decir que vas por la vida *constantemente* dialogando contigo mismo, sino que es tu vida la que sistemáticamente está organizada alrededor de lo que has concluido.

Obviamente, estas no son cosas que estarías súper orgulloso de contarles a otras personas. No es como que vas a tu trabajo para compartir con tu jefe tu mayor temor, mientras con una mano masticas tu segunda barra energética del día, de nueces amazónicas —completamente natural—, y con la otra lanzas un grito desesperado en forma de correo electrónico. ¿O es así?

De hecho, ya te has modelado a ti mismo manteniendo a tus conclusiones en absoluta discreción.

O sea, ¡tienes que hacerlo! ¿Qué realmente pensarían las personas de ti si *ellos* supieran cómo te ves a ti mismo? Es por eso por lo que vives tu vida en ese estado constante de superación, aparentando ser lo que no eres y publicando fotos en Instagram de esa persona que quieres ser o, al menos, de esa persona que quieres que otros vean en ti.

Algunos están tan metidos, tan perdidos en la matriz, que ni siquiera pueden echarle un vistazo a lo que estoy diciendo. Lo descartan sin haber realizado una introspección real o no lo toman en consideración porque no parece que puedan lograr que esto funcione para ellos.

Esto no es una película. Esta es tu vida real y, en ese caso, tú eres, al mismo tiempo, los rebeldes y la matriz. Tú lo eres todo.

Piensa en la idea de que tu vida (cómo te ves, cómo hablas, dónde vives y cómo vives) proyecta cierta imagen de tu persona, mientras que, al mismo tiempo, escondes otra versión de ti mismo de la opinión pública, esa que realmente crees que es la verdadera.

¿Eres de los que se esfuerzan mucho por mantener sus cosas en orden para asegurar que su vida esté en determinado nivel o para tener una vida nueva? ¿Con qué propósito?

¿Por qué el éxito es tan importante para ti? ¿Qué estás tratando de superar?

Yo diría que es la manera en la que enfrentas, gestionas o te liberas de la carga que supone tu conclusión personal, esa que está bien consolidada dentro de ti. El primero de los saboteadores.

EL SCROOGE QUE HAY EN TODOS NOSOTROS

Uno de mis libros favoritos es *Cuento de Navidad*, de Charles Dickens. Aunque no hayas leído este libro, probablemente hayas escuchado hablar de su personaje principal, Ebenezer Scrooge. La razón por la cual me encanta este cuento va más allá de lo obvio. Y es que nuestro viejo amigo Scrooge funciona como un estudio de caso para todo lo que te he dicho hasta ahora. De hecho, después de leer este libro, ¡probablemente no vuelvas a leer ese cuento con los mismos ojos!

Cuando Scrooge se puso a analizar su pasado, comenzó a experimentar incomodidad al darse cuenta de cómo él era el responsable de la persona en la que se había convertido, algo que siempre se lo había achacado a los demás. Uno de los fantasmas que visita a Scrooge dice lo siguiente: "Te he dicho que estas eran sombras de las cosas que han sido. Son lo que son. ¡No me eches la culpa!".

Scrooge no podía aceptar la idea de que *él mismo* se había endurecido, que su cinismo era un exilio autoimpuesto después de haber perdido al amor de su vida. Él concluyó que nadie podría amarlo nunca y construyó su vida alrededor de esa conclusión. Él construyó una realidad en la que encontró una alegría efímera, un montón de soluciones temporales, acumulando cada vez más dinero, pero la conclusión a la que llegó se lo estaba comiendo vivo día tras día. Nadie podía acercársele, ni siquiera sus seres queridos. Descartaba sus acercamientos sin mayores trámites. No era capaz de ver lo correcto, aun delante de su cara, pues representaba una clara contradicción a los pensamientos de su subconsciente, así que, comoquiera, siguió adelante con su vida, perpetuando sus propias conclusiones y negando cualquier cosa que pudiera representar una amenaza a esa realidad.

Lo mismo que tú estás haciendo.

BUSCA UNA PALA, QUE VAMOS A ESCARBAR

Entonces, ¿qué has concluido sobre ti?

Eso es lo que tienes que considerar en este momento. Y la única forma de lograrlo es realizando un examen exhaustivo de tu propia experiencia de vida. Ha llegado el momento de que reflexiones.

Ahora, sé directo contigo mismo. Reflexiona sobre lo que hay detrás de toda la mierda, toda la esperanza, todos tus deseos, necesidades y planes para el futuro. Olvídate del pasado, olvídate de las razones, las justificaciones y las excusas. ¿Cuál es el dilema básico que enfrentas contigo mismo? No estamos hablando de dinero o de esa eterna obsesión por convertirte en un modelo de manos (especializado en el dedo pulgar). Deberás escarbar aún más. Examina detenidamente esos momentos de tu vida en los que te sientes más agobiado o los que más te ponen a prueba. ¿Qué es lo que te viene a la mente? No puedes pasar de este capítulo hasta que tengas esto bien claro.

¿Evitas ir a fiestas o socializar y dices que es porque no te gusta? ¿O realmente se debe a que te dejas llevar por la incomodidad y la presión que surgen de la conclusión: "Yo no me siento cómodo", "Yo soy diferente" o "Yo no soy suficiente"? El miedo a que te descubran puede provocar esto en una persona.

¿Elegiste tu trabajo porque era perfecto para ti? ¿O lo elegiste porque la conclusión, "Yo no soy lo suficientemente inteligente", te tiene preso de una carrera y un rumbo predecibles?

¿No tienes vida amorosa porque estás muy ocupado con tu trabajo, porque todavía no has conocido a ese ser especial, a alguien, vamos, a cualquiera que tenga pulso y que pueda hablar, o porque en el fondo existe la conclusión de que no eres lo suficientemente atractivo, que "no eres querido" o "no eres encantador"? ¿Tu actual relación está a punto de desmoronarse porque no encajan bien o porque tus conclusiones se han apoderado de ella y buscas que esa persona que te acompañe hasta la muerte confirme tu propia realidad subconsciente?

Es difícil saberlo ahora, ¡¿ah?!

¿Cuáles son los pensamientos automáticos y reaccionarios que te vienen a la mente cuando sufres contratiempos en la vida? ¿Qué te vino a la mente cuando te despidieron de ese trabajo o no te dieron ese ascenso que buscabas?

¿Qué tenías en tu mente cuando rompiste con tu última novia o novio, cuando le fallaste a esa persona, cuando gastaste ese dinero que sabes que debiste haber ahorrado o cuando te comiste esa bolsa de papitas sabiendo que debiste haber escogido la ensalada?

Una vez más, deja a un lado todas esas superficialidades y piensa en aquello que te dices a ti mismo sobre *ti mismo* en esas situaciones.

Ok. ¿Lo has logrado?

Solo cuando eso esté completamente claro, habrás colocado en su lugar la primera pieza importante de este rompecabezas. Una de las razones por las cuales tú te autosaboteas está íntimamente vinculada a esta pieza. Ahora no vamos a hacer nada con eso, pues lo único que haremos será publicarlo aquí abajo para que quede claro. Vamos a plantar bandera.

CONCLUSIÓN PERSONAL: "YO _____".

Vamos. Escríbela. Utiliza un lápiz si es que te da mucha vergüenza dejar grabado con tinta en la página de un libro tu secreto más íntimo. No, en serio; ve y busca un lápiz. Aquí te espero.

Muchas veces la gente me pregunta cómo he sido capaz de ser exitoso sin sabotear mi vida, de mantener un balance y ser feliz, mientras continúo creando desafíos para mi salud y nuevas metas.

Lo he logrado gracias a que tengo perfectamente claro cuál es mi conclusión personal.

Sé lo que ella representa, cómo se siente, cómo influye en mis estados de ánimo y mi actitud y el impacto potencialmente devastador que puede tener sobre mí si no estoy pendiente de ella y dejo que se apodere de mi vida como si fuera un *Mad Max* en esteroides.

Soy consciente de este mecanismo y eso me permite vivir una vida fuera de sus ataduras. Puedo escucharme a mí mismo cuando estoy completamente hundido. Soy sumamente consciente de los pensamientos y las emociones que lo rodean. De hecho, puedo realmente sentir, físicamente hablando, cuando estoy a punto de caer al abismo.

Tú también podrías lograrlo, pero aún no hemos llegado a ese punto. Todavía tenemos que trabajar para que seas capaz de dominar lo que está oculto, para que entonces puedas, por fin, recuperar tu vida.

Cada persona cree que los límites de su propio campo de visión son los límites del mundo. Este es un error del intelecto...
—Arthur Schopenhauer

UNO FUERA; FALTAN DOS

Ya tenemos una base sobre la cual podremos seguir construyendo, para que comiences a ser plenamente consciente y responsable de lo que ha estado oculto en las sombras de tu subconsciente. Pero todavía no hemos terminado. Nos falta mucho. Todavía hay más cosas que tienes que descubrir por ti mismo.

Mira más allá de tu ombligo para que puedas apreciar lo que tienes a tu alrededor. No estás solo en esta vida, sino con...

¡OTRAS PERSONAS!

¡Compartes tu vida con más personas! Eso incluye a esas personas con las que ya no hablas. ¿Te acuerdas de esas personas a las que echaste a un lado o simplemente las apartaste por completo de tu vida, esas que todavía permean en tu mente como una herida abierta? Sí, todavía compartes tu vida con esas personas. O sea, quizás no hables con ellas, no las hayas visto en cinco, diez o veinte años, pero ellas siguen existiendo en tus diálogos internos y externos; aparecen, de vez en cuando, ya sea en las conversaciones que tienes con otros o en las que tienes contigo mismo.

Es más, están "aquí", ahora mismo. ¡Están en *tu mente*!

Aun cuando pienses que eres un ser absolutamente solitario, solo eres un ser solitario en medio de otras personas. Hasta tu privacidad es pública. Eres públicamente privado. La privacidad es una declaración muy pública hacia otros. Para mantenerte alejado, para que no se acerquen.

"¡Maldita sea!".

Lo sé: tú también pensabas que lo estabas haciendo tan bien al ser reservado y apartado. A que sí. Siento decirte que todo el mundo está mirando.

El próximo paso necesario para completar esta imagen de ti mismo requerirá que te esfuerces un poco para descubrir qué has concluido sobre otras personas. Pero no solo algunas personas, sino todas las personas.

09

Los otros

Se requiere el mismo esfuerzo para vivir una porquería de vida que el que se requiere para vivir una vida espectacular. Solo tú decides cuál prefieres vivir.

El primero de los tres saboteadores, tu conclusión sobre ti mismo, desafortunadamente no es más que la primera pieza de esta trinidad profana que te impulsa hacia el autosabotaje.

> *El pequeño mundo de la niñez con su entorno familiar es un modelo del mundo. Cuanto más intensiva sea la impronta del carácter de la familia en el niño, tanto más tenderá a sentir y a ver nuevamente a su antiguo mundo en miniatura en el mundo más grande de su vida adulta.*
> —C. G. Jung

El segundo saboteador es lo que yo llamo tu "conclusión social" o el lente fundamental a través del cual ves a *otras personas* e interactúas con ellas. Tal y como sucedió con tu conclusión personal, esta también dejó una huella en tu esponjita mágica desde que eras muy pequeño. No obstante, esta crucial conclusión sobre otras personas surgió de tus interacciones con tu familia, tus amigos y vecinos, así como con tus maestros, pastores o cualquier persona importante con la que hayas tenido contacto durante tus años de formación.

De todas esas experiencias de vida, ESTO es lo que has concluido sobre otras personas. Esto es lo que ellos significan para ti. Una vez más, no estamos hablando de lo que ellos son, sino de lo que ellos significan para *ti*.

Lo que es importante que entiendas es que, como lo demás sobre lo que hemos hablado en este libro, esto no es algo que te hayan hecho. No eres una víctima de tu propio pasado. Y no estoy diciendo que las personas no pueden *convertirse* en víctimas de su pasado, sino que tú no eres una víctima de tu pasado.

Si esto te molesta, piensa en que, ahora mismo, lo que ha hecho que estalles es tu insistencia en hacerte ver como una víctima. Además, seguramente estás luchando para que te pongan una etiqueta de la que estarás tratando de desvincularte por el resto de tu vida. Si eres una víctima o no, eres tú quien tiene la última palabra. En este caso, tú y solo tú eres el responsable de lo que ha resultado ser tu vida. Insisto: no se trata de buscar culpables, sino de entender, finalmente, que tú eres un ser fuerte, y no un tipo duro y amargado.

La buena noticia es que, si aceptas que tú eres el responsable del desorden, también estarás aceptando que puedes arreglarlo. Muchas veces tengo que recordarles a las personas del poder que tienen. Vivir una vida de mierda requiere tanto esfuerzo como vivir una vida maravillosa. Y tú eres el único que puede elegir cuál de las dos quiere vivir.

Tu conclusión social es el modo perfecto de supervivencia. Recuerda que todos estamos luchando por estar a salvo y seguros en la vida, y no hay nada menos predecible en la vida que los demás. Las conclusiones sobre otras personas aportan seguridad con respecto al gran misterio y la amenaza que estas representan.

Desafortunadamente, normalmente te enfocas en sobrevivir eventos de la vida que, simplemente, ¡no tienes por qué superar!

Por ejemplo, a veces te preocupa "tener éxito" en una relación, en tu primera cita, al hablarles a otros en una reunión, al llamar a la compañía de tu tarjeta de crédito, al hablar con el líder del grupo en una llamada de conferencia, al mirar a ojitos curiosos en una boda o al hacer fila en el Departamento de Vehículos Motorizados. Tu instinto automático por sobrevivir algunos pensamientos y emociones viejos te tiene atrapado en una espiral. ¿Pero realmente necesitas estar en modo de supervivencia con relación a estas cosas? Te has estancado en querer tratar de sobrevivir eso que has concluido sobre otras personas. Y es tan jodidamente real.

Ahora bien, ¿cómo se presentan estas conclusiones sociales? En el capítulo anterior, hablamos sobre la naturaleza negativa de las conclusiones. Comprobamos que esto es cierto cuando se trata de las conclusiones a las que llegamos sobre nosotros mismos. Y lo mismo sucede en relación con las conclusiones a las que llegas sobre otras personas.

Estamos hablando de cuestiones tales como "la gente es controladora" o "no se puede confiar en la gente". En realidad, solo necesitamos de uno o dos incidentes para que estas conclusiones se cuelen en esa esponjita mágica tuya. Y, como todos sabemos, hay muchísimas cosas que pueden entorpecer la inocencia de la niñez, desde aquello particularmente mierdoso —a lo mejor te pegaron, abusaron sexualmente de ti, te abandonaron o te ignoraron— hasta lo más banal. No importa la gravedad de lo que hayas experimentado, todos tenemos conclusiones muy arraigadas dentro de nosotros. Ten en cuenta que lo que sea que resistas sobre tu vida, va a persistir como consecuencia de esa resistencia. Tus conclusiones te abruman de la misma manera que al resto de la gente.

También, por los pasados años, he tenido muchos clientes que *aparentemente* han tenido una infancia idílica, por lo que no pueden entender por qué su vida adulta está completamente fuera de control. Claro, hasta que les presento sus propias conclusiones.

¡Quiera Dios que tus padres no se hayan perdido en la fantasía de la televisión cuando clamabas por su atención o no se hayan perdido en la distancia, mientras tú, cada vez más alejado, gritabas en los brazos de una niñera! Ahora podrás entender por qué el mero hecho de perderte de tu padre en una tienda por departamentos por solo uno o dos minutos puede provocar el tipo de conclusión profunda que, a la larga, acoge nuestro joven e impaciente subconsciente. En otras palabras, ahora entenderás cuán fácil es que un solo incidente penetre nuestra impaciente esponjita mágica y se convierta en "la gente se va a ir", "no puedes confiar en nadie" o "a la gente no le importa". A esto le sigue toda una vida de acumulación de evidencia para apoyar tu opinión.

¡¡¿¿Qué??!! ¿Eso es todo lo que se necesita? ¿Perderte de tu padre, por unos minutos, en una tienda? Sí, eso puede provocarlo. Al menos, así es como puede empezar. ¡No hace falta tener una infancia como la de *Flores en el ático* para tener un mundo loco, loco, loco en nuestra adultez!

Una vez que llegas a esas conclusiones, el asunto está cerrado. Esa esponjita a la larga se endurece cuando las escasas y diluidas memorias desaparecen, dejando atrás solamente las manchas y las marcas que han quedado atrapadas para siempre. Atrapadas en tu subconsciente. No importa cuánto disolvente Goo Gone le eches, no habrá forma de eliminar esas jodidas manchas y marcas. Tampoco podrás resolver el asunto meditando.

Esto requerirá de un ejercicio de autosuperación, un despertar que provoque que te preguntes, "¡¿Pero qué mierda pasa?!", tal y como le sucedió al viejo Ebenezer.

A medida que nos vamos convirtiendo en adultos, estas conclusiones siguen con nosotros y se convierten en el punto de referencia sobre el cual se basa nuestra forma de relacionarnos e interactuar con todas las personas que conocemos. Y cuando digo *todas*, lo digo en serio.

Es a través del lente de estas conclusiones que vemos constantemente a las personas que nos rodean.

> *Mientras tanto, nos manipulamos y nos configuramos a nosotros mismos —cómo actuamos, hablamos o nos vestimos— para evitar que otros puedan exponer nuestras verdades más dolorosas, esas que hemos concluido.*

Funcionamos así porque, para cada uno de nosotros, estas conclusiones o estos saboteadores harían que pareciéramos débiles o indeseables ante el resto, así que preferimos esconderlos.

POR EL FILTRO PASARÁN

Como ya hiciéramos con el primer saboteador, la conclusión sobre ti mismo, vamos a explicar cómo funciona este segundo saboteador en la vida real. Cuando hablo de que vemos a las personas a través de la perspectiva de nuestra conclusión, lo que también estamos haciendo es probar a ver cuánto ellas se ajustan a lo que nosotros hemos concluido. ¿Se amoldan a nuestras conclusiones? ¿O difieren de ellas?

Por ejemplo, digamos que una de tus conclusiones es "la gente va a utilizarte". Te des cuenta o no, constantemente pasas por tu filtro interno a las personas que conoces para ver si estas se ajustan a la norma "me están utilizando".

Siempre guardando las distancias. Por supuesto.

¿Los agarraste mintiendo? Ups, no pasaron la prueba. "¿*Realmente* están tratando de adularme a cambio de un favor?". Reprobado. "¿Hablando a mis espaldas?". Otro reprobado. Esa voz de tu cabeza está constantemente evaluando y otorgando aprobados o reprobados.

Es más, siempre puedes recurrir a la prueba de las sensaciones o de las "vibras". "Hay algo de ellos que simplemente no me gusta". Es inevitable.

Es tan jodidamente fácil que las personas que acabas de conocer no pasen la prueba, mientras que aquellos que conoces de toda la vida siguen reprobando. Tu mecanismo para "aprobar o reprobar" siempre está activo. Eres como un jodido escáner de código de barras de Target que no deja de trabajar. *Bip, bip, bip.* Nadie. Tiene. Una. Oportunidad.

Y tan pronto algo hace que se encienda el dichoso escáner, enciendes inmediatamente el modo de piloto automático y comienzas a recolectar más evidencia que envíe a esa persona a lo más profundo del abismo. Una vez que consigues tu evidencia, las borras del mapa completamente. Entonces sí que están jodidos. Ahora, el problema es que tú también lo estás.

Porque, una vez que borras a alguien de tu vida, vas a tener que viajar en ese tren hasta el último día. No hay prácticamente nada que pueda devolverlo a tu lista de congraciados, salvo un milagro o un cataclismo. Están atrapados en una caja, de la que nunca podrán salir. Ya sean familiares, amigos, conocidos, extraños o parejas, el detonante, aquella conclusión fundamental sobre la gente, seguirá estando presente. Desafortunadamente, estás a merced, al igual que ellos, de tu conclusión. Solo puedes conocer y aceptar personas superficialmente.

Aun así, hay personas que logran pasar la prueba. Los que "aprobaron" son aquellos que forman parte de tu vida —al menos, los más cercanos—.

Tus mejores amigos: aprobaron. Tu cónyuge o tu compañero: aprobó. Al menos, por ahora. Y seguramente hay algunos conocidos que no necesariamente han aprobado, pero que tampoco podemos decir que hayan fracasado. Digamos que son relaciones basadas en la distancia. No están dentro, pero tampoco están afuera. Y uno nunca sabe si, en el futuro, puedan ser útiles.

Ahora bien, incluso aquellos que, de alguna manera, lograron pasar tu prueba, tu filtro, esos siempre estarán caminando sobre una cuerda floja. Porque ya sabes que solo se necesita de un incidente significativo para que caigan en la lista de fracasados.

En cuanto a los que reprobaron, esos sí están eliminados. Fuera.

Por lo general, la familia es la primera que se va. El proceso de eliminación no es igual para todos. Para algunos de nosotros, ese proceso mediante el cual eliminamos a personas de nuestras vidas simplemente ocurre de manera silenciosa y durante un periodo de tiempo en el que el afecto y la conexión van disminuyendo. Es la muerte del amor y la afinidad.

A veces, la otra persona ni siquiera es consciente de que eso está ocurriendo. Muchas veces, quien lleva a cabo el proceso de eliminación, ¡tampoco es consciente de ello! Aunque hay unas leves pistas (que luego cobran sentido) en cuanto a cómo actuamos con estas personas que estamos evaluando. Por ejemplo, tardamos más de lo usual en responder a un mensaje de texto o a una llamada, hasta que, finalmente, simplemente dejamos de comunicarnos y empezamos a reorganizar nuestras vidas para evitar tener contacto con ellas.

Por supuesto, hay algunas relaciones que simplemente mueren en un instante.

El problema de todo esto es que realmente nunca te dejas llevar por lo que las personas *verdaderamente* son o, incluso, lo que *podrían* ser, pues solo te dejas llevar por lo que ves a través del lente de tu propia conclusión. Entonces, la prueba no es justa, pues está diseñada para fracasar.

Y que no se te ocurra venir con el cuento de cómo tus amigos y tú han llegado a ciertas conclusiones mientras tomaban un Chai Latte y devoraban un bizcocho de naranja o cómo has hecho lo mismo con tu pandilla de amigos mientras se tomaban una Heineken. "¡Pero si es que todos *están de acuerdo* en que mi jefe es el peor!". Es cierto que están confirmando tu conclusión, pero también es cierto que es puro cotilleo. Ya que hablamos de eso: deja esa mierda también.

El cotilleo no es inofensivo ni gracioso. Estás difundiendo la mierda negativa y moralista. Deja de hablar de otras personas; te distrae de lo que ahora mismo debiera importarte, que es cambiar tu vida y apoderarte de ella.

Recuerda que tú eres la *esencia* de lo que hablas.

Cuando disfrutas del cotilleo, te conviertes en el tipo de ser humano que se divierte al hablar mal de los demás a sus espaldas. Quizás debas considerar buscar nuevas amistades o iniciar una revolución de decoro básico y entablar conversaciones productivas, en lugar de esas que se dedican a destruir a los demás como parte de una conexión superficial motivada por la idiotez humana.

Tampoco quiero que pienses que soy un idealista ciego. Yo sé que la gente hace pendejadas. Sé muy bien que la gente engaña, miente, manipula, roba y hace lo que cree que mejor le conviene, sin importar las consecuencias. No estamos hablando de eso. Aquí no estamos hablando de venganza. No se trata de ellos. Estamos hablando de ti.

¿Venganza? No tengo tiempo para esa mierda. Buscar venganza NO es karma. Eso es estar enojado y ser rencoroso y vengativo.

El karma no elige un bando.

Quizás esto se convierta en un descubrimiento doloroso de tu vida uno de estos días en los que te des el gusto de desquitarte.

Yo no tolero la mierda de otra gente. Ese es su problema. Tampoco pierdo el tiempo en aferrarme a su mierda. Yo voy de frente, sin prejuicios; soy auténtico y abierto.

Si quieres pasar el rato conmigo, te presento mis reglas. Si no quieres, lo entiendo. Cuando estés listo, aquí estaré. Si no te sientes totalmente preparado para jugar de esta manera, ni modo. Bueno, es lo que hay. Cada uno a lo suyo. De todas formas, nada tiene sentido.

No importa lo que te hagan, tú no vas a cambiar automáticamente quién eres, porque, si lo haces, te conviertes en un ser humano más pequeño. O sea, te conviertes en una versión inferior de ti mismo.

Tu amor y tu capacidad para expresarte libremente están ahí para compartirlos con el resto del

mundo, y no para silenciarlos o
estar a merced de las ruinas de
lo que una vez fue una amistad
o una relación esplendorosa. El
resentimiento es para los tontos y
los ignorantes.

Lo que se usa es el perdón, el amor y la relación con los demás seres humanos. Yo sé que eso no siempre es fácil, pero ese es tu trabajo. Resuélvelo. Resuelve qué debes hacer para ser ese tipo de ser humano. Eso tampoco quiere decir que te dejes pisotear.

Todos hemos hecho cosas en nuestras vidas que simplemente no funcionan o que, a la larga, terminan jugando en contra nuestra. Tampoco te estoy juzgando por lo que puedas haber hecho en el pasado. Estoy tratando de que te des cuenta de la persona en la cual te estás convirtiendo, de lo que *tú* estás haciendo contigo mismo, antes de que sea muy tarde. ¡Despierta!

BIENVENIDO A LA JUNGLA

Voy a contarte algo.

Mi conclusión subconsciente sobre las personas es que "a la gente le da igual". En otras palabras, a la gente que me rodea (y la gente en general) realmente le importa un carajo lo que pase a su alrededor. Solo les importa lo que pase con ellos. Y, seguramente, esto sea cierto para muchas personas, pero no al nivel que yo lo elevé en mi subconsciente.

En mi caso, se ha vuelto automático. Esta es mi conclusión social, el segundo de mis tres saboteadores. Es lo que inmediatamente me viene a la cabeza en los momentos en los que me siento presionado, intimidado o en apuros. A veces es feo y desagradable y se opone totalmente a mi compromiso con las demás personas. Es una suerte de muro, permanente e invisible, que me separa de los demás.

También afecta la forma en la que trato muchos aspectos de mi vida en una manera muy particular: desde cómo manejar un auto hasta mi manera de hacer compras o ver televisión. Eso y mucho más. O sea, no es que vaya caminando por las tiendas como un lunático, pero, aun cuando no exista una señal, no significa que no hay peligro a la vista.

Te voy a dar un ejemplo.

No hace mucho, mi esposa y yo compramos un sofá. Era un sofá bastante grande y, cuando nos lo entregaron, los transportistas decidieron que era una buena idea dejarlo justo al principio del camino de entrada a mi casa. Genial, ¿no? Aparentemente, tal y como a mi esposa le gusta recordarme, no marqué la casilla correcta cuando lo ordenamos. Así que ahí estaba ese maldito sofá gigante, envuelto en plástico, a sesenta pies de distancia de mi puerta de entrada, como si fuera el cadáver podrido de un mamut que una vez estuvo congelado y que ahora aparece en el medio de alguna tundra lejana.

Si bien es cierto que algunos hubieran procedido a buscar ayuda, en mi mente está la idea de que "a la gente le da igual", así que, para mí, simplemente no era una opción ir a tocarles a las puertas a los vecinos para pedirles ayuda. De hecho, ni siquiera se me ocurrió que debería o que *podría* hacerlo. ¡Simplemente no estaba en mi radar! No hubo un proceso de evaluación de si debería o no debería; fue una cuestión automática e instantánea. O sea, yo no le importo a nadie y a nadie le importa un carajo lo que me pase. ¿Cierto? Dios no permita que puedan decir que no o que se molesten o les incomode mi intrusión.

En aquel momento, yo no estaba pasando por este proceso mental interno, al menos no metódicamente. Ahora estoy preparado para vivir de esa manera. Todo pasó en cuestión de segundos y, en ese momento, hice lo que siempre hacía.

Lo hice solo, sin ayuda de nadie.

Batallé con aquel mojón gigante por todo el camino de entrada a mi casa y por una puerta de entrada claramente diseñada para hobbits preadolescentes que arrastran los pies en fila india; luego, a través de dos vallas infantiles que harían quedar mal hasta la seguridad del aeropuerto israelí, a través de *otra* puerta construida especialmente para un lápiz de ocho pies de altura con patas para, finalmente, meterlo a lo loco en la habitación correspondiente como si fuera uno de esos carros acrobáticos de *Rápidos y furiosos* que van girando, dentro de un estacionamiento, en la dirección contraria y a ochenta y siete millas por hora.

Como dije, este era un sofá grande, pero gracias a una pequeña dosis de gruñidos de baja frecuencia, un poco de músculo, una imaginación estilo MacGyver y exabruptos repletos de obscenidades de carácter nuclear, finalmente logré entrarlo.

Por supuesto, ahí estaba mi esposa, en todo el proceso, con las manos en la cintura y con esa mirada cariñosa de "eres un idiota" que ha desarrollado con éxito durante los muchos años que lleva presenciando mi especial locura.

Este es el tipo de mierda que tus saboteadores te impulsan a hacer. Ellos controlan cómo tú reaccionas en la vida real. Seguramente hay muchos de ustedes que ahora mismo están pensando que soy un loco. Sin embargo, habrá otros que estarán sentados, leyendo este libro, que estarán asintiendo con la cabeza y preguntándose cuál es el problema.

En fin, ya saben exactamente de dónde vengo.

En términos generales, esto sirve perfectamente para explicar por qué veo la vida de la forma en la que lo hago. Soy independiente. A veces, de forma catastrófica. Soy de los que piensan "yo realmente no necesito a nadie". Por un lado, esa independencia me sirve. Como autor, necesito ser capaz de generar contenido por mí mismo y hacerlo de manera estable, sin influencias externas o sin que tenga que venir alguien a persuadirme para que lo haga.

No obstante, esa independencia también puede ir en mi contra (particularmente, cuando hay muebles involucrados) por lo fácil que sería para mí vivir la vida solo y el impacto que esto tendría en mi matrimonio o en la relación con mis hijos. No es que sea malintencionado. O sea, me gustan las personas, pero, en mi mente, simplemente no las *necesito*.

Aquellos que son independientes a ojos cerrados podrán confirmar ese apetito voraz que sentimos por esta forma tan particular de vivir. Muchos habrán tenido un camino de relaciones rotas, de estar constantemente nerviosos y tratando de alimentar a esa bestia. Luego viene la soledad... la fría y cruel soledad.

La independencia se ha convertido en la respuesta; sin embargo, no siempre funciona para responder a la pregunta planteada.

LA RAÍZ DE LO QUE SIENTES CON RESPECTO A OTRAS PERSONAS

He hablado sobre la necesidad de descubrir de dónde vienen las conclusiones a las que llegamos sobre nosotros mismos, pero es igualmente importante hacer lo mismo con aquellas conclusiones sobre otras personas.

Ahora bien, si esa información está enterrada en lo más profundo de tu subconsciente, ¿cómo exactamente vamos a lograrlo? Vayamos al plano personal y tratemos de averiguar, en las próximas páginas, cuál es esa conclusión secreta que tienes sobre los demás.

Empieza por pensar en esas ocasiones en las que te excusas conscientemente de tus procesos mentales inconscientes. Estas excusas son otra pista para descubrir cuál es tu conclusión. Trata de aprender a reconocer cuándo pones estas excusas para que te des cuenta de cuándo lo haces. Ahora bien, no estoy hablando de excusas legítimas para problemas legítimos. Estoy hablando de esas ocasiones en las que una fiesta, una salida por la noche o una cena con "amigos" te hace sentir igual que si fueras un vampiro en plena luz del día. O cuando alguien te propone una idea de negocio y tú inmediatamente piensas en todas las formas que tratarán de joderte.

Quizás sea esa etiqueta en particular que le asignas a la gente con ciertas cualidades, rasgos o talentos que tú automáticamente evitas. Tu conclusión muy bien podría estar justo debajo de esa cosilla que tanto te fastidia. ¿Son demasiado inteligentes? ¿Eso hace que para ti sean arrogantes o dominantes? ¿Evitas a ese tipo de personas? ¿Esto qué dice de ellos?

¿Son tan "refinados" o están tan "enfocados" que hace que parezcan egoístas? ¿O acaso lo que nos hace pensar que son agresivos e insensibles es que son muy extrovertidos?

¿Cuál es el denominador común, esa conclusión general que hace que puedas predecir y entender a las personas?

Deja a un lado la mierda de siempre, rasga la superficie de tus pensamientos y sé honesto contigo. ¿Qué es lo que *realmente* estás tratando de evitar sobre las personas? ¿Las personas son qué?

Este segundo saboteador, tu conclusión sobre los demás, puede ser algo como "la gente es":

- estúpida
- poco confiable

- una amenaza
- traicionera
- insensible
- egoísta
- cruel
- manipuladora
- falsa

¿Cuál de estas expresiones recoge tu impresión general sobre la gente?

No sigas hasta que no hayas encontrado la frase con la que más te identificas, esa que realmente capta cómo ha sido tu experiencia con todo el mundo.

Ya conoces el procedimiento: busca un lápiz o un bolígrafo y llena el blanco.

CONCLUSIÓN SOCIAL: "LA GENTE ES _____".

Recuerda que esto no debe ser solamente una opinión sobre la gente; esto es básicamente lo que tú has concluido con respecto a los seres humanos. Una vez que hayas llenado este blanco, recuerda al primer saboteador, tu conclusión personal. Estamos pintando un cuadro y estamos a punto de terminarlo.

Ahora toca hablar del último saboteador, la conclusión que has formulado sobre la vida misma. Cada cual experimenta la vida desde cierto ángulo o perspectiva que nos atrae de una manera muy sencilla y, al mismo tiempo, muy personal. Seguramente todos hemos escuchado a alguien decir cosas tales como "la vida es una aventura" o "la vida es extraordinaria", pero ¿y si buscamos más allá? ¿Qué es lo que hay allá abajo, atrapado en la esponjita mágica, que define cómo nos sentimos con respecto a la vida?

Prepárense, amigos, que esto es complicado.

10

La vida

Cambiamos constantemente nuestros sueños, los escondemos para evitar que se rompan. Los mantenemos a raya, con esperanza de alcanzarlos en algún momento. Los cambiamos por una vida más mecánica.

¿**T**u conclusión sobre ti mismo? La tienes. ¿Tu conclusión sobre otras personas? También la tienes. Entonces, es hora de pasar a nuestro último saboteador, el que muchos creen que suele ser el más complicado de los tres.

Esta es tu conclusión sobre la vida misma. ¿Qué *piensas* de la vida?

Y no me refiero solamente a *tu vida*. Estoy hablando de la vida, como un todo, y todo lo que ella implica. ¿Qué sensación tienes cuando piensas en tu situación actual, incluido todo lo relacionado con la familia, la pareja, tu trabajo, tu vecindario, tu pueblo o tu ciudad? Incluso, piensa también en cuestiones sociales o preocupaciones políticas que puedas tener o hasta en los problemas o las tragedias que actualmente estén afectando al país y al mundo entero.

El asunto este de la vida es enorme, complejo, impredecible y, en ocasiones, completamente abrumador.

De ahí que no deba extrañarnos que cada vez nos volvamos más adictos a actitudes positivas o a liberarnos de nuestras actividades terrenales en favor de algo más experimental. Algo que dure un poco más. Una derivación o *by-pass* para las presiones de la vida diaria.

Si eres uno de mis seguidores en internet, ya debes saber que siento repugnancia por el positivismo. Es una maldita enfermedad que está propagándose descontroladamente por la sociedad como si fuera un fuego que no ha sido neutralizado. O sea, no tengo nada en contra de ser positivo en sí, pero ser adicto a esta forma de pensar lo que hace es que abruma a todo aquel que no se deja rociar tan fácilmente con el polvito mágico "¡yupi, hurra, genial!". Hay ocasiones en las que puede llegar a ser un poco excesivo que te digan que debes mantener tu frente en alto cuando tienes una relación pésima contigo mismo. Además, he conocido demasiadas mentes positivistas que están tan saturadas de su dulce generosidad que desconocen la gravedad de su situación o simplemente viven en total negación. Hasta que ya es demasiado tarde.

Caramba, si *realmente* creyéramos que la vida es maravillosa y que está totalmente llena de posibilidades, no tendríamos que estar diciéndolo. No necesitaríamos recordatorios o memes en las redes sociales para tenerlo presente. Sería como la gravedad, que simplemente está *ahí* todo el tiempo, tanto así que, como sucede con la gravedad, ni siquiera lo notaríamos. Pero no es así. Entonces, ¿qué podemos hacer?

Prácticamente tenemos que decirnos a nosotros mismos esa historia positiva y alentadora de que la vida es de tal o cual manera para así distraernos de lo que realmente creemos que es cierto.

En lo más profundo de nuestro subconsciente, hay una conclusión sobre la vida:

"La vida es difícil".
"La vida es complicada".
"La vida es una batalla".
"La vida es demasiado".

Como con tus otras conclusiones, ¡esta tampoco trae buenas noticias!

De hecho, aun cuando lo que piensas sobre ti mismo o sobre los demás puede incomodarte, lo que piensas sobre la vida es lo que *realmente* afecta a todo.

Entre los recuerdos que todos conservamos de nosotros mismos, hay algunos que solo se los contamos a nuestros amigos. Otros, ni siquiera a nuestros amigos se los queremos confesar y los guardamos para nosotros mismos bajo el sello del secreto. Y existen, en fin, cosas que el hombre no quiere confesarse ni siquiera a

sí mismo. En el curso de su existencia, todo
hombre honrado ha acumulado gran cantidad
de estos recuerdos.
—*Fyodor Dostoyevsky*

UNA VIDA CON CONSECUENCIAS

Sin siquiera darte cuenta, tu conclusión sobre la vida moldea e influye en todas tus decisiones y te obliga a cargar con las consecuencias.

Si has concluido que "la vida es una batalla", vas a trabajar duro, juntando todo el positivismo, el esfuerzo o el razonamiento lógico que esté a tu alcance para superar esa batalla; sin embargo, sin darte cuenta, también te estás asegurando de que se mantenga así, como una batalla. Dejarás pasar o descartarás oportunidades y opciones de cambio que puedan parecerte muy fáciles o muy complejas o te sabotearás a ti mismo cuando aparentemente estés ganando.

Y rápido volverás a la batalla.

¿Cuántas veces has pensado "Si solo pudiera dejar de comer esto" o "Si pudiera dejar de gastar dinero en eso" y, aun así, lo sigues haciendo?

En lugar de evitar la batalla, te mantienes literalmente dentro de ella. Cometerás los mismos errores una y otra vez. Tropezarás con las mismas piedras una y otra vez.

Muchos de los problemas de nuestra vida podrían resolverse de forma bastante sencilla, pero, por alguna razón, no podemos hacerlo, no lo hacemos o simplemente decidimos no enfrentarlos. Tienes que mirar más allá de esa letanía de explicaciones que están a la mano.

Lo que te tiene estancado en ese lugar en el que estás es tu conclusión sobre la vida.

A lo mejor eres uno de esos que dirige su vida en base a la conclusión de que "la vida es difícil". Desde afuera, ¡parecería que lo estás haciendo genial! Tienes el trabajo, el negocio o la familia ideales. Ahora bien, tú estás consciente de que hay algo más, algo que hace que te sientas mal la mayoría de los días. Y, como quiera, sigues esforzándote, perseverando y tienes algún que otro triunfo que celebrar.

Pero esas situaciones maravillosas son efímeras. Al final, siempre termina poniéndose "difícil". ¿Verdad que sí? Demasiados correos electrónicos, demasiadas reuniones, demasiadas quejas de tu pareja, de tus hijos, de tus padres o de tus amigos. No tienes suficiente tiempo, dinero, conocimiento o lo que sea.

En otras palabras, lo que estás enfrentando internamente muchas

veces no tiene nada que ver con lo
que está pasando en el exterior.

Aun cuando se supone que esta vida que has construido fuera la alternativa a la vida que solías tener.

Por otra parte, tu vida podría verse muy restringida si solo puedes analizarla en términos de las circunstancias positivas que la rodean. Podrías realmente sentir que estás hundido y que, incluso, esas oportunidades que tanto te costó conseguir en el pasado, al final siguieron el camino predecible.

Presta atención a lo que te voy a decir: puede que te encuentres al borde del abismo, sobreviviendo cada momento a punto de llorar, de enfadarte o de caer en la desesperación, día tras día. No puedes hablar con nadie sobre esto porque has construido un muro para mantener tu mierda controlada, así que nadie puede ayudarte y, finalmente, has sucumbido a la respuesta diaria de "una copa más" para tratar de salvarte de otra caída al abismo, al valle de tu desafortunada e irremediable miseria.

Estás huyendo, pero ya no puedes huir. Estás sin aliento, sin ideas y las puertas se te están cerrando en la cara. Como ya aprendimos en los capítulos anteriores, lo que nos motiva, aunque sin darnos cuenta, es ver justificadas nuestras conclusiones.

Necesitamos sentirnos identificados con ellas para proveerle una base sólida a una existencia que, de lo contrario, sería corta e incierta. Pero ¿cuándo va a terminar toda esta maldita locura?

¡Tú no tienes problemas! ¡Tú tienes *tus* problemas! Son los problemas perfectos, esos que solo tienen que ver contigo y que hacen que continúes diariamente con esta ridiculez. Y eso es precisamente lo que es: una ridiculez. Toda tu maldita vida es actualmente una ridiculez.

Y todo porque tú te has encargado de decirte a ti mismo que la vida no puede ser diferente de lo que te has convencido de que es.

ECHAR A PERDER UNA PARTIDA QUE YA ESTABA GANADA

Probablemente hayas leído algún libro o hayas asistido a algún seminario que te haya hecho pensar: "¡Ajá! Por fin entiendo lo que me pasa". Comprendiste algo sobre ti mismo que, en ese momento, provocó un cambio. Ahora bien, ¿realmente estás yendo a la base del problema de por qué eres como eres? Probablemente no.

De hecho, es más que probable que no sea así, porque siempre estás atrapado dentro de tu conclusión sobre la vida.

Puede que, conscientemente, estés pensando que todo está solucionado, pero esas conclusiones subconscientes tienen otros planes. Y, al fin y al cabo, son ellas las que prevalecerán. Siempre.

Entonces, cuando alcanzas el triunfo, es un triunfo en contra de tus conclusiones. Cuando obtienes un ascenso en el trabajo o cuando desarrollas un negocio exitoso, eso no es un triunfo para tu carrera o para tus finanzas, sino que es un triunfo en contra de lo que, de manera subconsciente, has concluido sobre cómo "la vida es una batalla" o cómo "la vida es injusta". ¡Y te sientes bien! Tu futuro parece prometedor y tu vida actual parece moverse en la dirección adecuada. Luego, todo se va a la mierda y tú te vienes abajo. Y vuelven a aparecer, otra vez, tus conclusiones: "¿Ves? La vida es realmente injusta porque, de lo contrario, no me hubieran despedido. ¿Tendré suerte alguna vez?".

De hecho, cuando formulas las estrategias para conseguir que suceda algo bueno en tu vida, lo haces precisamente porque estás teniendo en cuenta tus conclusiones. O sea, si no estuvieras convencido de que "la vida es difícil", no tendrías que hacer lo que haces para conseguir que tu vida funcione. Simplemente, te pasarías el día entero sentado en el sofá, ya sea viendo televisión, viendo a tus plantas crecer o a tu ropa interior favorita chapoteando felizmente en la lavadora.

A través del orgullo nos engañamos a nosotros mismos. Pero en el fondo, debajo de la superficie de la conciencia promedio, una voz suave y apacible nos dice que algo está fuera de tono.
—C. G. Jung

¿Alguna vez has sentido que estás tan cerca del éxito que puedes ver la luz al final del túnel y, de repente, ves cómo se te escapa de las manos? ¿Y si estaba previsto que sucediera así porque, de lo contrario, ese éxito en específico habría representado una amenaza a lo que, en esencia, has concluido?

Justo en el momento antes de cruzar la línea de meta, te caes. O dejas de correr. O te sientes atraído por otra cosa, algo mejor, más brilloso o más grande. Las artes oscuras de la distracción toman el control.

Cuando te encuentras justo al borde del éxito, aparece ese diálogo perturbador en tu subconsciente que te dice: "Espera; esto no está bien. La vida es una batalla. No puede ser tan fácil; tiene que haber algo más". Entonces, tropezamos y caemos. O, lo que es lo mismo, saboteamos.

Nos decimos a nosotros mismos: "¿Esto es todo? No puedo sentirme satisfecho, porque la vida es poco gratificante". O injusta, o peligrosa, o una desilusión. O tu "la vida es" fundamental.

Hay un techo de cristal, una barrera invisible que te trae de regreso a la Tierra en el momento en el que intentas sobrepasarla. Y cuando chocas tu cabeza contra ese techo y tu trasero cae al suelo, estás, una vez más, comprobando la validez de tu conclusión sobre la vida.

> *Puedes mejorar, volverte más inteligente, más fuerte y más seguro, pero nunca podrás ir más allá de esa conclusión. Las sensaciones de éxito y progreso son efímeras.*

Por supuesto, hay quienes están en el extremo opuesto. Ya vimos que hay cierto tipo de persona que trata de superar su conclusión de que "la vida es difícil" esforzándose mucho. Sin embargo, hay quienes responden a esta misma conclusión dándose por vencidos. (Oye, ¡a lo mejor no es tan mala idea vivir en una tienda de campaña en el medio de la nada!). O sus conclusiones son tan tóxicas, tan limitantes, que simplemente ni lo intentan. Eso se llama "resolver el asunto" en favor de la vida que ya tienes. Esto ocurre cuando tu diálogo interior te ha desgastado, moldeado y limitado hasta el punto de la rendición.

Ahí afuera hay demasiada gente inteligente y capaz que, sin embargo, se encuentra en una situación muy por debajo de su potencial. Y lo saben. De algún modo, su inteligencia o su intuición se convierte en una maldición, porque hace que sus conclusiones sean todavía más reales. Ellos *saben* que podrían logran un mayor cambio, tener una vida fuera de serie y, sin embargo, están estancados.

¿Por qué tratar de desarrollarte al máximo de tu potencial si "la vida es una desilusión"? ¿No sería más fácil intentar algo un poco por debajo de nuestro potencial? ¿O, a lo mejor, muy por debajo?

Como dicen algunos: la ignorancia es una bendición. Y, a veces, las personas más perspicaces o intuitivas también pueden ser las más decepcionantes y cínicas. Sus conclusiones pueden tener efectos muy destructivos y pueden, también, ser el compañero perfecto de la mejor y la más convincente de las excusas, esa que está fundamentada, supuestamente, en razones y motivos válidos. Pero siguen siendo excusas.

Porque, como sucede con todas nuestras conclusiones, usamos las excusas para tapar nuestra realidad. Las usamos para interpretar nuestras vidas. De nuevo, ese es el problema de las excusas: que no parece que sean excusas, al menos no para quien las dice.

Reflexiona sobre lo siguiente: hay personas que dicen que "el dinero es la raíz de todos los males", que "el dinero no compra la felicidad" y otras expresiones de este estilo. Incluso, pueden llegar a dejar su trabajo, su educación, su casa, etc., para vivir una vida que no sea tan materialista.

Claro que podríamos hablar mucho sobre cómo evitar los riesgos del consumismo, el materialismo y la búsqueda de la felicidad a través de la acumulación de bienes.

¿Pero cuántas personas se han esforzado por saber si *realmente* creen en sus propias opiniones? ¿Cuántas de ellas utilizan su interpretación de su vida, esa que ha estado con ellas por mucho tiempo y que han creído a pie juntillas, sin introspección? ¿Y si lo que sucede es que, en realidad, están evitando enfrentarse a algo? Quizás lo que *realmente* estén haciendo es tratar de mantenerse al margen de la complejidad, de la dificultad, de la responsabilidad, de la presión o de los valores que asocian con convertirse en alguien exitoso o en alguien con dinero. O, quién sabe, a lo mejor lo que están evitando es la posibilidad de un fracaso público, a la vista de todos.

No puedo pretender saber todo lo que la gente piensa, pero estoy seguro de que muchos de los que no "quieren" ser ricos aceptarían felizmente ese millón

—o dos— de dólares si se lo dieran. Ahora bien, si es que todavía no te has dado cuenta, la cosa no va de dinero, sino de empezar a darte cuenta de que tus propias "verdades" están en tu cara. Hay elementos de tu propia vida con los que has convivido, pero que rara vez has cuestionado. Pueden ser desde ciertos logros u objetivos laborales, personales o de la vida hasta la aceptación de algo que no querías reconocer, pero todos están motivados por algo que habrás concluido hace mucho, mucho tiempo.

> *Las razones y las intenciones detrás de un hábito no son atribuidas sino por una mentira retrospectiva, desde el momento en que algunos empiezan a criticar un hábito y a interrogar sobre sus intenciones y sus razones.*
> —*Friedrich Nietzsche*

BIENVENIDO A LA JUNGLA

Una vez tuve una cliente que descubrió que su conclusión era que "la vida es injusta". Las semanas y meses posteriores a este descubrimiento, ella fue halando de ese hilo de justicia y legitimidad que se había entretejido en su camino, de forma predecible, a lo largo de su vida. Descubrió las amistades que se habían roto por culpa de esa conclusión, los jefes de los que se había alejado, sus relaciones familiares caóticas y ese sentimiento constante de que vivía una vida que, para ella, era injusta.

Su matrimonio se tambaleó y, a fin de cuentas, fracasó, por culpa de las peleas y las discusiones diarias sobre quién tenía razón y qué era lo más justo dentro de aquella relación. Ya no se dejaban llevar por el amor, la conexión o la pasión, pues ahora todo giraba en torno a si era justo o no. Ella interpretaba toda su vida a través de ese lente y, por supuesto, su opinión no solo era una opinión. Era *la verdad*. Al menos, era su verdad.

Imagínate tener una vida así. Imagínate comenzar cada día con la idea de que la vida es fundamentalmente injusta. ¿Cómo algo así no va a afectar tu idea de estar vivo? En un escenario así, ya eres una víctima. No necesitas una tragedia o un contratiempo, pues están por todas partes. ¡Todo gira en torno a ti!

En mi caso, aparentemente he desarrollado mi vida en base a mi ética profesional —pero hay días en los que, honestamente, me siento muy cansado—. Y ello se debe a mi conclusión, a esa idea de que "la vida es una batalla". Tal y como te sucede a ti, mis conclusiones no son simplemente un ruido en mi cabeza. ¡Son tan jodidamente reales! Para mí, esa "batalla" es tan real como mi pelo.

En mi caso, esa conclusión me lleva a luchar con más fuerza. ¡Imagínate lo que significa irse de vacaciones conmigo! Estoy todo el tiempo buscando cosas que *hacer*. No hay momento para relajarse; no hay paz. Soy impaciente, inquieto, siempre tengo ganas de algo, *lo que sea* que me permita enfrentarme a esa batalla en la que se ha convertido la vida para mí.

En el camino de regreso a casa, después de unas vacaciones, su efecto ya empieza a sentirse; no veo la hora de poder volver a trabajar duro, realmente duro, como si eso fuera a sacarme de "esta batalla". El problema es que eso nunca sucede. Al contrario, lo que hace es perpetuarla. La batalla continúa y la vida, entonces, realmente se convierte en una batalla, tal y como he concluido. Aun cuando es buena, es una batalla.

No me mal interpreten, pues yo, como ustedes, tengo mis días, bueno, muchos días, en los que los pajaritos cantan, mis pulmones están llenos de optimismo y mis acciones están motivadas por mis ganas de seguir en el juego. Pero esa conclusión, ese punto de partida que influye en todo, nunca está muy lejos. Quizás aparezca en una hora, esta tarde, esta noche o mañana, cuando despierte.

Con razón estamos sedientos de motivación. Es difícil mantenerse motivado cuando piensas que la vida es una batalla constante. A veces nos preguntamos:

"¿Cuál es el punto?". Otras veces, es más fácil decir "que se joda" y, subconscientemente, nos resignamos a permanecer en el momento de nuestra vida en el que nos encontramos. A darnos por vencidos.

Reescribimos nuestros sueños o los guardamos en la oscuridad para evitar que se destruyan. Los mantenemos escondidos. Para esperar. Para después. Quizás. Los intercambiamos por una vida menos interesante.

Por cierto, eso es lo que hará tu conclusión sobre la vida: corroe tu experiencia de vida. Controla y fastidia lo que ves como posible. Cuando despiertas, te enfrentas a una realidad que ya existe: tu realidad. Tu conclusión. La vida es... ¿qué?

UN SALTO AL VACÍO SIN PARACAÍDAS

Si quieres existir más allá de tu conclusión sobre la vida, primero tienes que averiguar cuál es esa conclusión. Y este es el momento ideal para hacerlo.

Puede que resulte difícil porque estas conclusiones sobre la vida son, a menudo, las menos obvias. Son tan omnipresentes, están tan metidas dentro de cada parte de nuestras vidas, que es difícil determinar con exactitud cuáles son.

A mí me parece que lo primordial es descubrir la naturaleza de esta conclusión, en lugar de tratar de descubrir específicamente cuál es la conclusión. No hay mucha diferencia entre "la vida es difícil" y "la vida es una batalla". Ambas tendrían un efecto similar en cuanto a cómo uno interactúa con la vida. Lo mismo sucede con "la vida es peligrosa" y "la vida es intimidante". Una vez más, presentarías una actitud bien específica si tuvieras constantemente a cualquiera de estas dos frases en tu cabeza, como si la mano sudorosa de un ventrílocuo novato te controlara.

Ahora bien, hay ocasiones en las que podemos tener una imagen bastante clara de ellas, sobre todo cuando están cerca de la superficie.

Cuando te sientes presionado, cuando estás día y noche luchando, tendrás a una o a todas tus conclusiones justo delante de tu cara.

¿Qué es lo que te dices a ti mismo *sobre* la vida cuando las cosas no van como quieres?

Cuando no estás pasando por un buen momento, es cuando más metido estás en tus conclusiones sobre un área en específico… o, a veces, sobre todas.

Cuando estás metido hasta el cuello en esto, estas conclusiones te arrastran si pierdes, si fallas, si te rechazan o simplemente si no te va bien.

Aparecen cuando todo va "tan bien", cuando hay mucha incertidumbre o si estás entrando a un área de la vida que requeriría una reinvención significativa. Y, entonces… regresas a la base. A lo conocido. Te saboteas y das marcha atrás.

Presta especial atención a esos momentos en los que te sientes estresado o desanimado. ¿Cuáles son los pensamientos que saltan rápidamente a tu mente y que se reproducen durante esos momentos?

Si ahora mismo no te sientes así, piensa en la última vez que pasó, esa última vez en que te sentiste abatido o agobiado. Quizás te ayude pensar en un momento de tu niñez en el que hayas sufrido o que hayas tenido que enfrentar dificultades o peligros, y esa experiencia se haya convertido en algo determinante o la experiencia más influyente de tu juventud. ¿Cuál fue tu conclusión? Quizás sea que tus padres se divorciaron, que tu mamá falleció, que tuviste que repetir un grado, que nunca ingresaste al equipo de fútbol y, de repente, tu idea de lo que era la vida comenzó a cambiar.

Tu infancia está llena del tipo de eventos que, involuntariamente, condujeron a tu yo más joven hacia una vida que tenía algo que ofrecer, algún tipo de significado con el que te tropezaste y que dejaste que invadiera las más recónditas grietas de la esponjita mágica para poderlo utilizar como guía en el futuro.

¿Qué es la vida para ti? A lo mejor, es "confusa", "peligrosa", "demasiado" o "sin sentido".

Finalmente, piensa en esas cosas que quieres que formen parte de tu vida, aunque no vas tras ellas o parecería que nunca eres capaz de conseguirlas.

Por ejemplo, actualmente, ¿con qué tipo de vida sueñas? ¿Mudarte a Bali, a Kansas o a Dublín? ¿Acaso sueñas con ser más delgado, más alto o más rico? ¿Incluye una casa, un carro en específico o cierto tipo de cuerpo? No importa lo que sea. Lo que importa es que sepas que, incluso tus sueños, los vives de acuerdo con unos límites. Definitivamente estos no son ilimitados. ¿Cuál es tu punto de partida? ¿Qué problema que está en el fondo de los límites de tu existencia resolvería esa "vida ideal"?

No te conformes con las explicaciones superficiales y las excusas que se te han ocurrido. Deberás escarbar aún más.

> Tu visión devendrá más clara solamente cuando mires dentro de tu corazón.
> —C. G. Jung

Es ahí donde encontrarás las conclusiones a las que has llegado, esas limitaciones que te has puesto a ti mismo. Y esto lo puedes hacer con todo: tus ingresos, tus relaciones, tu salud, tus pasatiempos y hasta la edad a la que te quieres jubilar.

Estas conclusiones han invadido cada parte de tu vida y ahora influyen en tus decisiones sobre cuál camino seguir y cuál no. Es importante que tomes un momento para pensar en tus miedos y preocupaciones más íntimos. Date la oportunidad de adentrarte en lo más profundo de tu propia batalla. No es para que la facilites o para que trates de embellecerla, sino para que puedas presenciarla y ser testigo de ella. Para que veas cómo funciona. Quiero que te conviertas en un observador, y no en un perpetrador; que seas el testigo, y no la víctima. Aléjate del drama en el que se ha convertido el sabotaje de tu vida y piensa un poco. Eres tú quien debe resolver este misterio.

Presta atención a lo que te voy a decir: has llegado a una conclusión irrefutable sobre la vida. La tienes justo delante de tu cara. Esto no es algo que se tenga que resolver, sino que es algo de lo que hay que hablar. Tienes que reconocer su existencia. Tiene que salir de ese trasfondo confuso que son tus pensamientos, subir hasta tu consciencia y salir por tu boca. Tienes que decirlo en voz alta.

La vida es…

Ve y busca ese bolígrafo o ese lápiz.

CONCLUSIÓN SOBRE LA VIDA:
"LA VIDA ES _____".

Forjamos las cadenas que usamos en la vida.
—Charles Dickens

Te invito a que te tomes un descanso. Tómate tu tiempo para reflexionar sobre lo que hemos descubierto hasta ahora. No solo tu conclusión sobre la vida, sino todo lo que hemos ido descubriendo. Es importante que saques tiempo para hacer balance, para reflexionar sobre todo lo que esto significa y sobre lo que has hecho con tu vida hasta ahora.

11

La punta de la lanza

*Eso es a lo
que llamamos
aceptación.
Dejar que las
cosas sucedan
sin reaccionar o
dejarse afectar
por ellas.*

Hasta ahora, hemos descubierto los tres tipos de conclusiones, esos tres saboteadores que han dejado una marca indeleble en tu subconsciente. Estas conclusiones son la fuente de la que se nutre tu autosabotaje.

Son conclusiones sobre ti mismo, sobre otras personas y sobre la vida misma, que te consumen por completo.

Yo espero que esas conclusiones tuyas hayan salido a la luz y que hayas podido reflexionar, de manera crítica, para descubrir cuáles son y, al menos, algunas de las formas en las que ellas hacen que permanezcas estancado en este ciclo de sabotaje. En otras palabras, ya deberías haber internalizado cuán jodido realmente has estado, ¡igual que todos nosotros!

Esa confusión sobre "por qué" te subestimas debería comenzar a desaparecer. Recuerda que, si la seguridad es una pieza clave para el ser humano, entonces será fundamental para esa seguridad proveer evidencia de lo que ya has concluido.

Ahora bien, ¿dónde exactamente quedas tú en todo esto? ¿En qué parte de este universo te encuentras? En otras palabras, cuando juntas a los tres saboteadores, ¿cuál es tu sensación principal de estar vivo? Esa es la última pieza que necesitas para resolver este rompecabezas que te ayude a entender por qué eres como eres, de forma tal que podamos pasar a explicar cómo acabar, de una vez por todas, con el autosabotaje.

Primero, vamos a explicar lo que no estamos buscando. Todo lo que hemos descubierto hasta ahora no nos lleva a un "punto de vista" único o asociado solamente contigo. Eso sería demasiado simplista. Un "punto de vista" no podría captar la gravedad, la experiencia y las limitaciones generales de lo que estas conclusiones están provocando y a dónde, en última instancia, te están llevando. Existe una manera de sentirse *vivo* que a ti te sienta bien. ESA es la punta de la lanza: qué es para ti sentirse vivo.

Ese sentimiento, esa *experiencia* que es solo tuya, surge cuando tus conclusiones se juntan para crear una sensación muy personal sobre qué es lo que realmente significa ser tú, y es algo que permea cada parte de tu ser.

No solo se trata de cómo ves la vida, sino de cuál es el lugar *desde* el cual te involucras con la vida: cómo la escuchas, cómo la miras, cómo la hueles, cómo la tocas. Todo se origina o se reprime desde ese lugar. Desde ahí, interactúas con todos y con todo lo que está en contacto contigo.

En vez de llamarlo punto de vista, yo prefiero llamarlo tu *punto de experiencia*, ese lugar desde el cual experimentas *todo*. Es tu punto de partida en la vida, único y singular. No importa qué te depare el futuro, siempre vas a empezar desde este lugar conocido, en el que se encuentran esas tres conclusiones básicas, tus tres saboteadores.

La visión es el arte de ver las cosas invisibles.
—Jonathan Swift

CÓMO ENCONTRARTE A TI MISMO EN EL MAPA

Imagínate que este *punto de experiencia* es tu propio rastreador en Google Maps.

Cada mañana te enfrentas al mundo.

Tan pronto abres tus ojos, estás en una ubicación conocida, y no estoy hablando de la cama. En realidad, ¡estoy hablando de tu cabeza! Este no es *el* mundo que te recibe cada mañana, sino *tu* propio mundo. Es un mundo que está lleno de tus matices, de los impulsos y los prejuicios que surgen de ese punto de experiencia único y singular que tienes. La manera en la que esos tres saboteadores te han moldeado totalmente solo podías explicarla, hasta ahora, en términos de estados de ánimo, emociones, comportamientos o circunstancias.

Has pasado por momentos en los que era difícil enfrentar el día o la semana, esa reunión, aquel correo electrónico o esa conversación. Son esos días en los que estás harto de la vida y de toda la mierda que la acompaña.

Tu vida es un flujo constante de lo mismo de siempre. No importa cuáles sean tus sueños o tus deseos, todo parte desde el mismo lugar autoimpuesto. Ahora bien, ese punto de partida no es realmente un punto de partida. En el fondo, *siempre* estás atrás, al pie de la montaña, siempre tratando de subir o alcanzar un nuevo objetivo, una nueva meta o un nuevo resultado.

¿Pero y qué pasa con el autosabotaje? Ok, vamos con calma.

También hay momentos en los que algo te inspira: te enamoras de alguien, te entusiasma la idea de recibir un aumento de sueldo o de conseguir un trabajo nuevo, o te sientes motivado por una nueva oportunidad para ti. Aparece una nueva actitud y comienzas a sentirte bastante bien con respecto a tu vida y el rumbo que ha tomado. En resumen, tu vida actual empieza a parecerse a la vida que anhelas. Puede que todavía todas las piezas no estén completas, pero vas por buen camino, ¿verdad?

A lo mejor es que estás yendo al gimnasio regularmente, ya van tres semanas esforzándote y ya comienzas a sentir la diferencia.

O quizás es que has dejado atrás esos patrones de gastos autodestructivos y has logrado ahorrar unos veinte, doscientos o dos mil dólares extra en tu cuenta bancaria. Has tenido un gran comienzo; todo marcha según lo planificado. ¡Todo va BIEN!

Sientes que la primavera ha tocado a tu puerta, sientes cosquillas en el estómago, tus ojos brillan y, de repente… oh, oh.

Faltas un día al gimnasio. Gastas un poco del dinero que habías ahorrado. Comienzas a dudar de esa nueva relación, ese nuevo trabajo o esa nueva idea de negocio. El proceso de deconstrucción ha comenzado. A veces, sucede poquito a poco; otras veces, es un ataque a gran escala en contra de lo que has construido. Y comienzas a arruinar tu progreso.

¡BUM!

Este es el momento en el que los viejos patrones, las emociones y los comportamientos conocidos empiezan a tomar el control, y todo porque ahora te encuentras en un territorio inexplorado.

Reflexiona un poco sobre lo que acabo de contarte. Si

verdaderamente estás dispuesto a vivir una vida completamente nueva, que albergue nuevos resultados, ¿podrías vivir esa nueva vida si sigues siendo el mismo de siempre? ¡NO!

Claro que no, y eso, mi amigo, es un problema. ¿Por qué no puedes hacerlo? Porque estás programado para buscar seguridad, para que tu mundo sea uno conocido y seguro, para la seguridad que te dan esas conclusiones profundamente arraigadas, no importa cuán desagradables o restrictivas puedan ser. Estás programado para mantener tu existencia conectada algo que, al menos para ti, tenga sentido, una suerte de problema interno que te ayuda a mantenerte distraído, ocupado y, en última instancia, perdido dentro de tu pequeña realidad segura.

No importa qué clase de vida nueva quieras para ti, eso requerirá que *seas* diferente. No puedes seguir siendo la misma persona de siempre mientras te sientes magnéticamente atraído por tus tres saboteadores, que te empujan, te arrastran y te tuercen, para devolverte a ese punto de experiencia conocido. Simplemente no va a funcionar. Para realmente cambiar tu vida, tú tendrás que realmente cambiar. Una nueva vida puede que te exija que seas más paciente, más cariñoso, más fiable, más atrevido, más vulnerable, más leal, más centrado o comprometido, más sociable o lo que sea, pero esta nueva etapa te exigirá que *seas* ¡alguien diferente! ¡Y PUEDES LOGRARLO!

Ese "nuevo tú" podría ser muy incierto, muy arriesgado, muy apabullante, muy complicado y muy perturbador como para hacerle frente.

Entonces, ¿qué haces? Regresas al punto de partida. Subconscientemente, lo echas todo a perder. Subestimas lo que has construido o a lo que aspiras, de forma tal que esa vida pueda volver a la "normalidad", a esa versión tuya vieja y conocida, para, después de un tiempo, ¡empezar la batalla otra vez!

O sea, ¿cuántas veces has limpiado tu casa, tu oficina, tu escritorio o tu garaje y, tras alabar el magnífico esplendor de tus destrezas de limpieza, poco a poco vas contemplando cómo aquello desaparece bajo una avalancha de medias sucias, folletos de bienes raíces y artículos que no quieres tirar a la basura, pero con los que tampoco sabes qué hacer?

Lo hiciste: limpiaste. Sin embargo, no pudiste vivir de esa manera, no podías tolerar a esa versión tuya que puso a aquel sitio en orden. Finalmente, caíste rendido ante tu versión predeterminada.

Sabotaje, querido.

Esa esponjita mágica tuya, el hogar de tus tres saboteadores, no es tan mágica ahora, ¿verdad? Es dura y gruesa; también resistente a lo nuevo. Eso significa que estás estancado, que estás atrapado dentro de una realidad que se rige por los viejos patrones de siempre, día tras día, año tras año.

¿Estás empezando a entender la situación? Cada mañana, al despertar, empiezas el día en cierto *punto de experiencia*, ya conocido, que está compuesto por esos tres saboteadores de los que ya hemos hablado. Es en ese momento en el que todos ellos se juntan para formar tu idea de estar vivo.

El punto de experiencia no es un lugar agradable o acogedor, sino que es, más bien, un lugar desde el cual tratas de mejorar, para hacer las cosas mejor, para finalmente vencer y triunfar. Por eso es que vives esta vida pensando en que algún día todo esto va a terminar, que algún día lo lograrás y todo será genial. ¡¿Cierto?!

¿Has notado cómo todo eso que aspiras alcanzar siempre llega *tarde*? Nunca está presente, en el momento necesario. Incluso, si de alguna manera consigues alcanzar eso que deseas, lo terminas reemplazando por otro artículo u otra meta. Y ahora vas tras ese nuevo objetivo. A lo mejor no lo reemplazas, sino que lo destruyes. De todas formas, es la misma mierda.

Crees que persigues un objetivo, como tener más dinero, una nueva carrera, fama o el amor de tu vida. Pero eso no es más que una ilusión.

Como hubiera dicho Sartre, tu vida ha sido una "búsqueda del ser". Estás buscando "ser" alguien diferente, alguien que pueda resolver el dilema que eres actualmente, para, de alguna forma, aliviarle la carga a tu punto de experiencia. ¿Esos objetivos? ¡Eso es lo que tú *crees* que te hará diferente o mejor!

Pero ese es el problema de la búsqueda: estás constantemente como un animal hambriento que necesita cazar algo, una y otra vez. Te has vuelto adicto a la cacería. El hambre por "ser" alguien diferente nunca se satisface.

¿Por qué? Porque no se puede "tener" el ser como una posesión. No es "tenible". No puedes guardar la felicidad, la satisfacción o la confianza en un frasco. Todas son sensaciones pasajeras de lo que significa estar vivo. Aumentan y disminuyen, aparecen y desaparecen; sin embargo, ¡tratamos de capturarlas!

Tratamos de convertir en sólido algo que es, por naturaleza, líquido. Tú, mi amigo insaciable, eres una manifestación de ser. Tu auténtica autoexpresión es una transmisión en vivo de lo que significa "ser" y, sin embargo, tú, como la mayoría de los seres humanos, en vez de expresar alegría, amor o pasión, te dedicas a buscarlos, a perseguirlos, ¡basado en la idea de que estas son cosas que, de alguna manera, son alcanzables!

Eres un *ser* humano. No obstante, vives como si tuvieras algún tipo de límite o como si hubiera escasez de *ser* y, por eso, te has convertido en un humano que "hace" para finalmente "ser".

Eso que persigues, el blanco de esa búsqueda... ¡YA LO ERES! ¿Te das cuenta de que esto es una locura? ¿Por qué dedicarías toda una vida a buscar confianza, pasión o amor cuando estas sensaciones ya existen muy adentro de ti con toda la majestuosidad y el poder de los océanos y con la imponente envergadura y la magnitud de una cordillera de montañas interminable?

APRENDAMOS A ACEPTAR LO MALO CON LO PEOR

En este momento, probablemente estés pensando: "¡Maldita sea, Gary! Ya entendí. Tengo problemas.

He vivido mi vida como si fuera una estúpida cacería. Pero, por favor, ¡dame las buenas noticias ya!". La mayoría de nosotros quiere obviar la parte difícil para ir directamente a lo fácil y bueno. Ciertamente, no disfruto de la miseria de los demás, pero todavía no conozco ninguna transformación que haya valido la pena que no haya tenido algo de eso.

Quiero que estés mejor, pero necesitas enfrentarte a esto directamente. Tienes que reflexionar sobre lo que has hecho (y lo que estás haciendo) con tu vida. La maldita cacería. Tienes que pensar en las relaciones rotas, los fracasos, los remordimientos, el resentimiento y sí, también, a veces, en la desesperación.

La vida no es una película en la que el conflicto y el final feliz quedan a una hora o dos el uno del otro. Y tampoco te puedes quedar dormido en las partes aburridas o taparte los ojos cuando se pone sangrienta.

> *La impaciencia se afana en lo que es imposible: en llegar al fin sin los medios. [...] no hay más remedio que resignarse a la largura de este camino, en el que cada momento es necesario.*
> *—Georg Wilhelm Friedrich Hegel*

Si aplicamos las palabras de Hegel a este libro, el viaje que has empezado aquí es parte de este proceso.

Primero tienes que ponerte en contacto con lo que realmente significa ser tú, el estar atrapado dentro de tus propias conclusiones, para que básicamente puedas relacionarte con lo que implica estar vivo desde tu punto de experiencia más elemental. Con eso es con lo que hemos estado trabajando en estas páginas: con ponerte en contacto con tu yo más profundo y con tus orígenes.

Tratamos de apaciguar nuestras conclusiones con nuestros logros. Tratamos de alejarnos de ellas con nuestro progreso. Pero eso, como mucho, para lo que sirve es para que experimentemos un alivio pasajero. Las conclusiones siguen estando ahí. Sigues estancado en el mismo punto de experiencia.

Entonces, ¿qué podemos hacer para salir de ese estancamiento? Deja a un lado el esfuerzo y la batalla para principiantes y simplemente acepta dónde estás. Acepta tu presente. Este momento. Es inútil que trates de sobreponerte a tu punto de experiencia. Es como si trataras de correr más rápido que una cinta de correr. No puedes huir de tus conclusiones corriendo. No puedes pensar más rápido, ir más rápido o meditar más rápido que esta mierda.

Mucha gente pasa media vida tratando de superar sus conclusiones, pero irremediablemente vuelve al mismo lugar. Cuando, finalmente, te das cuenta de lo que realmente sucede, a mediados de los treinta o los cuarenta, es como si te dieran un golpe en la cabeza.

¿Alguien ha escuchado hablar de la crisis de los cuarenta? Es ese momento en el que te das cuenta de que estás estancado, que llevas toda tu vida caminando hacia delante, pero estás en el mismo lugar. Te das cuenta de que el punto de experiencia sigue estando ahí y no te queda más que preguntarte: "¿Esto es? ¿Esto es todo lo que hay?".

Desde tu punto de experiencia, sí: esto es, esto es todo lo que hay. Llegadas a este momento, la mayoría de las personas hace una de dos cosas: tranzan por una entrega silenciosa y asfixiante o se rebelan y hacen un cambio drástico en su vida. Cualquiera de las dos es una mierda.

La persona entrada en años debería saber que su vida no asciende ni se ensancha, sino que un inexorable proceso interno obliga forzosamente a su estrechamiento. Para el joven es casi un pecado o un peligro ocuparse demasiado de sí mismo, mientras que para la persona entrada en años es un deber y una necesidad dedicar mucha atención a uno mismo.
—C. G. Jung

Tiene que haber algún punto dentro de este libro en el que comiences a ver tu vida en base a esto. Mira el reloj. ¿Qué hora es? ¿Cuál es la fecha de hoy?

Te has pasado toda tu vida, hasta el día de hoy, siguiendo el mismo patrón: sobrevivir y seguir, sobrevivir y seguir. Detente un momento y colócate en el punto del observador. Sé honesto contigo mismo. Este no es el momento de complacer a tu optimismo, a tu conformidad o, incluso, al drama que vive en ti. Reflexiona sobre cómo ha ido tu vida, no solo en términos de un aspecto, sino en cuanto a todo.

Esto requerirá que te separes, por un momento, de ti mismo y de lo que actualmente estás viendo. Tienes que encontrar un espacio que te permita apartarte y observarlo todo por ti mismo con total objetividad. De un lado, estarás tú y este preciso momento en el tiempo, mientras que, del otro, estará tu vida, tal y como se ha desarrollado hasta ahora. ¿Puedes verla?

Debes poder experimentar realmente cómo eres capaz de observar tu vida desde lejos, en lugar de estar metido hasta el cuello en ella.

No vamos a continuar hasta que lo hayas logrado.

ACEPTA TUS PENDEJADAS

El cambio comienza con aceptación, la aceptación de lo que ya existe. Uno de los elementos fundamentales de la teoría de la mente de Jung es que tienes que aceptar cada parte de tu ser: lo bueno, lo malo, la claridad y la oscuridad.

¿Sabes qué implica aceptar genuinamente algo? Hagamos un breve ejercicio.

En este momento, piensa en algo de tu vida sobre lo que casi nunca, si es que siquiera lo haces, reflexionas, algo tan trivial y benigno que simplemente se desvanece en el fondo de tus pensamientos. Puede ser cualquier cosa: el color de tu auto, tu segundo nombre, el estado donde vives o el tamaño de tus pies. Estamos buscando cualquier artículo que no tenga ningún impacto sobre ti, lo mires por donde lo mires. No sientes felicidad, frustración, tristeza, pasión ni ningún otro estado emocional en relación con este objeto. Literalmente no sientes *nada* en relación con este artículo.

¿Sabes *por qué* este artículo no tiene ningún impacto sobre ti?

Porque genuinamente lo aceptas tal y como es. No deseas ni sientes la necesidad de que sea mejor o diferente o que cambie de alguna manera. No está "superado", no estás "superándolo" ni sientes la necesidad de eliminarlo de tu vida. Tampoco piensas en él o hablas sobre él.

Y ahí está. Aceptado. Tranquilo. Sin que nadie lo moleste.

No tiene ningún efecto sobre ti, porque lo has aceptado tal y como es. Ese artículo puede seguir siendo lo que es y, mientras sea parte de tu vida, no tendrá ningún efecto sobre ti. No te provoca un tira y afloja emocional.

Eso es lo que supone una verdadera aceptación para un ser humano: cuando puedes dejar que algo sea tal y como es sin que haya algún tipo de carga o reacción con relación a ese objeto. Es cuando no tiene NINGÚN tipo de influencia, ya sea buena o mala; no provoca absolutamente nada.

No puedes ignorar las partes más oscuras de tu subconsciente. No las puedes reprimir, porque no irán a ninguna parte. De hecho, muchas veces lo que sucede es que simplemente van empeorando o van tomando fuerza, debido a tus constantes intentos por borrarlas o, de algún modo, cambiarlas. Son como una suerte de picor que, por más que rascas, no logras controlar. Ese lugar oscuro de tu mente es el lugar perfecto para que crezcan tus dudas y tus miedos, siempre y cuando los alimentes con un rayito de luz cada cierto tiempo.

Así será hasta que aceptes que están justo ahí, en la oscuridad.

No hay nada que decir ni nada que hacer; simplemente, dejarlos ser.

> *Desafortunadamente, no puede haber ninguna duda de que el hombre es, en general, menos bueno de lo que se imagina a sí mismo o quiere ser. Todo el mundo tiene una sombra, y cuanto más oculta está de la vida consciente del individuo, más negra y más densa es.*
> —C. G. Jung

Por eso es que vamos a dejar de huir de nuestras conclusiones, para así no tener que intentar superarlas a través de la negación, de la represión o por medio de una batalla constante. Indaga sobre tus conclusiones. Investígalas y analízalas. Descubre dónde está tu punto de experiencia en el mapa.

Déjate ir hasta esos días, semanas, meses y años de autosabotaje, de luchar por ser mejor, de triunfos pasajeros y caídas estremecedoras en las profundidades de la oscuridad.

Deja que todo eso suba a la superficie y que vaya poco a poco cocinándose en ese guiso… y, luego, acepta.

Así es, acéptalo todo. Date cuenta de que estas conclusiones son solo una parte de ti, y no son todo lo que eres. Acepta el hecho de que están aquí para quedarse y que tu lucha por cambiarlas es lo que hace que ellas tengan un impacto tan significativo en tu vida. Tu incomodidad se ha convertido en tu enfermedad.

Permite que sea así. Ahora mismo, en este momento. Que sea tal y como es.

La aceptación es una práctica, un ejercicio consciente, un recordatorio para que, cada día, cada hora o cada minuto, te liberes de tus reacciones y tus impulsos automáticos, para que te des el espacio para desarrollar una vida libre de sabotaje y de inseguridades.

Para que empieces a vivir gracias a la oportunidad que te ofrece la aceptación.

Has vivido la mayor parte de tu vida en piloto automático. ¿Cómo sería reconocer que esa ha sido tu realidad y poder desconectar ese piloto automático? ¿Cómo sería despertar a la vida? ¿Como sería sentirse completamente vivo?

Si ya no dudaras de tu inteligencia o tus habilidades, si las personas ya no representaran una amenaza, si no fueran controladoras o poco confiables, si la vida no fuera una batalla o una desilusión, ¿cómo cambiarían las cosas? ¿Qué tipo de vida podrías tener?

¿Quién podrías ser?

12

Cómo salir de donde estás

¿Qué estás haciendo para lograr vivir una vida grandiosa?

Finalmente, hemos llegado al fondo de este asunto.

Hemos recorrido un largo camino desde que comenzamos a hablar de la esponjita mágica, pasando por las circunstancias de la vida a las que fuiste arrojado, hasta llegar a tus verdades establecidas y los tres saboteadores. Ya debes saber dónde está localizado tu punto en el mapa. ESA ES la vida que tienes, es ese lugar desde donde comienzas cada día y es, en última instancia, ese lugar al que estás condenado a regresar.

Esa es tu experiencia cíclica y repetitiva de ti mismo. Es el mecanismo inconsciente para llevar una vida segura, predecible y en la que es posible sobrevivir, sin importar lo que eso implique para tu vitalidad o tu ambición.

Esta es la razón por la cual tu vida ha sido como ha sido. Obviamente, si todo eso es lo que te ha traído hasta este punto, entonces ese es el rumbo que también seguirá tu vida. Pueden mejorar algunas cosas, puede cambiar alguna que otra cosa, pero lo que le da sentido a tu vida, los límites, las fronteras, la dirección hacia donde se dirige, todo seguirá igual.

Ahora bien, esto es lo que *tienes* que entender. ¿Dónde aprendiste este mecanismo? Todo viene del pasado. Se inició en el pasado y fue desarrollándose a través de esos momentos de tu vida en los que te viste forzado a sobrevivir y encontrarle algún sentido a la vida a la que te arrojaron.

La realidad es que cada día NO es un nuevo día, porque, desde que despiertas, ya llevas contigo la carga de algunos de los primeros puntos de tu infancia. Entonces, cada día actúas en base a esas conclusiones que llevas contigo desde tu infancia.

> *Tu pasado domina tu potencial. No vives una vida basada en la idea de que "todo es posible", sino que vives la vida creyendo que "algunas cosas son posibles, dependiendo de mi pasado".*

Te sientes atrofiado, limitado, como un soñador sin ninguna oportunidad de salir de esta prisión autoimpuesta. Comienzas cada día en el pasado. Todo empieza allá atrás: cada idea, cada esperanza, cada plan. ¿Te extraña que no puedas llegar nunca a ningún lado? Tu punto de partida ha retrocedido mucho y ahora estás irremediablemente anclado en él.

> *La historia ocurre dos veces: la primera vez como una gran tragedia y la segunda como una miserable farsa.*
> —Karl Marx

Cuando dije antes que estabas dormido, ¡a esto es lo que me refiero! Estás dormitando mientras la noria de tu vida sigue dando vueltas dentro del mismo ciclo del pasado. Y, de alguna manera, ¡lo sabes!

Todo lo que tratas de hacer es para probar, subconscientemente, la autenticidad de lo que has concluido, para regresar a tu punto de experiencia y provocar que empieces, nuevamente, la búsqueda. Es lo que sucede con esas absurdas dietas, tus rutinas de ejercicios raros e infernales, tus relaciones de mierda, las letanías de desastres financieros, los sueños fragmentados, el trabajo que nadie haría y, mucho menos, por el que moriría, tu ambición cada vez más escasa.

Solo tú.

Y siempre estás ganando. Aun cuando aparentemente estás perdiendo, es una ganancia para este ciclo de mierda.

No solo tienes que vencer la vida o la inmediatez de tus preocupaciones, sino que también tienes que vencerte a ti mismo, y no a tu mejor versión, sino a tu peor versión, a la más negativa y cínica.

Es como si estuvieras tratando de ganar un maratón, pero estás comenzando la carrera veinte millas más atrás que el resto de los corredores. Para cuando consigues cruzar la línea de meta, la carrera ya prácticamente se ha acabado. Y, entonces, vuelves a empezar.

Y eso es lo que *toda* autoayuda está tratando de abordar, ya sea enseñándote a establecer metas, a practicar yoga o a encontrar tu maldito propósito. Eso es lo que tratamos de cambiar cuando hacemos dieta, nos inscribimos en un nuevo gimnasio o comenzamos a meditar. Cada esperanza, cada sueño, cada deseo, desde ese nuevo carro, pasando por la pareja ideal, hasta esa nueva y brillante idea de negocio, todo forma parte de la última estrategia para vencerte a *ti mismo*. Es la estrategia para finalmente resolver el problema que TÚ eres. Se trata de una solución rápida para que puedas mejorar en un juego que está diseñado para que no haya ganador y que está totalmente en tu contra. Y, sin embargo, ¡tú sigues jugando! Sigues jugando a cambiar algo que no se puede cambiar y que es todo un montaje. Te engañan y luego mueres. Así es como funciona.

¡¡DEJA DE HACER PENDEJADAS!! ¡Despierta! ¡Es una trampa!

El problema es eso que tenías en tu mente cuando decidiste tomar este libro, creyendo que finalmente hallarías la respuesta en él. ¡No hay una maldita respuesta!

Entonces, ¿qué hacemos con lo que nos impulsa hacia el autosabotaje? ¿Lo matamos? ¿Lo enfrentamos? ¿Emprendemos negociaciones? ¿Lo controlamos?

Nada. No hacemos nada. No hacemos nada con lo que nos impulsa al autosabotaje. Permíteme que explique eso un poco. ¿Alguna vez te ha picado un mosquito? Piensa en lo fastidioso que es ese picor: te mueres por rascarte, apretarte, clavarte un alfiler oxidado o lo que sea que acabe con esa plaga que perturba tu paz mental.

Ahora bien, tú y yo sabemos que, mientras menos te toques o menos pienses en esa picada, más rápido se curará. Asimismo, cuanto más te centres en ella, más te pica y te fastidia. En resumidas cuentas, cuanto más te resistas y te dejes consumir por esa picada, peor se pondrá.

Piensa en este otro ejemplo que es especialmente aplicable a aquellos que tienen hijos, pues seguramente habrán pasado por algo similar. Aunque, si no tienes hijos, seguramente habrás visto a una Mamá-Jedi salir con esta mierda en tu vuelo hacia Albuquerque el pasado otoño. Se la conoce como "redirección". Cuando el angelito de mami (o de papi) está comenzando a estallar como si fuera un volcán de veneno de dos pies, aparece el poder de redirigir, ya sea agitando un juguete, sacando la revista (la de papel, ¡por amor a Dios!), un trozo de dulce o cualquier misterioso artículo que, en un instante de imaginación y para fingir entusiasmo, podría hacer las veces de un dinosaurio, un mago, una jirafa o Peppa la cerdita. De repente, las puertas al infierno se cierran y nos regalan esos "oh, ah" risueños que todos amamos tanto, al tiempo que aquella carita angelical abandona la ira ciega de una generación incomprendida en favor de algo un poco más amable. Y todo el avión respira aliviado.

¿Qué sucede en ese momento? En primer lugar, el malestar o el enojo se ignora; no se interrumpe ni se manda a callar. Después, se introduce un objeto completamente nuevo y mucho más interesante. En ese preciso instante, su cerebro, como el tuyo, centra toda su atención en otra cosa y, como ahora se siente tan atraído por el nuevo objeto, ya no le presta atención a lo que está a su alrededor. Es como si todo lo demás desapareciera de su vista. A esto es a lo que yo llamo un "giro auténtico", eso que ocurre cuando desvías tu atención hacia algo que genuinamente te interesa, te inspira o te estimula. Cambia lo que sea que *estaba* en tu mente; cambia cualquiera que *fuera* la dirección hacia la que te dirigías. Has girado auténticamente y, ahora, tu mente, tus acciones y tu enfoque están concentrados en aquello que, de forma natural, ha llamado tu atención.

Tu vida irá en la dirección de lo que sea que te llame la atención, de lo que sea a lo que tú le dediques tu tiempo, tu energía y tus acciones, aun si te equivocas al pensar que lo que *estás* haciendo a la larga resolverá el problema. El estar constantemente tratando de resolver problemas llena tu vida de… problemas.

No importa lo que resistas, siempre va a persistir en virtud de tu propia resistencia.

¿Te acuerdas? Has estado viviendo tu vida de acuerdo con el pasado, pero ahora tienes que hacer un giro para que tu vida esté fundamentada en lo nuevo, en tu potencial y en tu legado. Tienes que ir en busca de nuevos enfoques emocionales, nuevos comportamientos, nuevos hábitos; en fin, el tipo de cosas que sirvan para demostrar el tipo de vida que dices que quieres.

¿CUÁL ES LA CAUSA, MI QUERIDO WATTS?

El filósofo británico Alan Watts tenía una teoría extraordinaria sobre nuestra relación con el pasado. Él decía que "nuestro sentido común nos hace pensar que el tiempo va en una sola dirección, que nace en el pasado, pasa por el presente y culmina en el futuro. Y esta forma de pensar nos lleva a tener la impresión de que la vida se mueve desde el pasado hacia el futuro de forma tal que *lo que sucede hoy y lo que sucederá mañana siempre será el resultado de lo que haya sucedido en el pasado.* En otras palabras, parecería que el pasado dirige nuestro camino".

Pero no leas lo que dice Watts simplemente una vez y ya está. Vuelve a leerlo. Léelo hasta que tenga sentido para ti. Tómate tu tiempo y deja que la profundidad de lo que este hombre dice se impregne en tu cerebro.

¿Qué significado tiene lo planteado por Watts dentro del contexto de este libro? Lo que significa es que has vivido tu vida, toda tu vida (cada minuto, cada hora, cada día), como si todo lo que haces o has hecho hubiera sido *provocado* por (o como si fuera el resultado de) algo que ya ha sucedido.

Significa que nos hemos acostumbrado o hasta nos hemos vuelto adictos a la idea de que todo lo que somos y todo lo que seremos es el resultado de lo que hemos sido, y que a lo más que podemos aspirar es a mejorar lo que hemos sido hasta ahora.

Al mismo tiempo, *eso* requerirá que, lo que hemos sido hasta ahora ¡siga existiendo! Si lo que hemos sido hasta ahora deja de existir, entonces, no habría nada que mejorar, nada que cambiar, no habría ningún día en el futuro en el que todo se resolvería. El ego se destruye a sí mismo. Una y otra vez.

La razón de tu existencia viene del pasado, pasa por el presente y llega hasta el futuro, como si fuera una línea recta.

¡Claro que esto es cierto! ¡Así es como EXACTAMENTE has vivido tu vida hasta ahora! No importa si estamos hablando de un pasado de hace cinco segundos o de hace cinco años. La realidad es que, aunque no te des cuenta, constantemente utilizas el pasado para explicar por qué eres como eres en un momento en específico. Utilizas el pasado para justificarte. Utilizas el pasado para excusarte y para explicarte. También utilizas el pasado como un modelo para planificar el futuro (sobre qué hacer y qué no hacer).

Por otra parte, las relaciones a menudo se construyen teniendo en cuenta cómo evitar repetir los errores de relaciones pasadas; por lo tanto, los límites de esas experiencias pasadas se utilizan en las relaciones futuras como una medida o como un ideal.

Asimismo, criamos a nuestros hijos para que tengan una mejor infancia que la nuestra: el pasado, a veces un pasado de mierda, produce y moldea el futuro. Se arrastra el pasado y se acaricia con todo el cariño y la atención del fascinante anillo de Gollum.

Todo, absolutamente todo lo que haces, se fundamenta en esta magia, en esta idea comúnmente aceptada de que solo podemos ser un producto de lo que hemos sido.

Para ti, la causa y el efecto viajan solamente en una dirección, en una línea recta de pensamientos, emociones, experiencias y acciones que comenzaron en el pasado y que hemos cargado con nosotros hasta hoy.

Dejaste de hablarle a tu hermano *por* lo que él dijo hace seis años, no agarras el teléfono para llamar a tu amiga *por* eso que ella hizo la semana pasada o te resistes a salir con muchas personas *por* aquello que pasó aquella vez que saliste con un grupo de doce.

Hay literalmente una buena parte de tu vida a la que no te enfrentas *por* eso que ha pasado.

Lo que acaba de suceder es la causa de lo que está sucediendo ahora mismo. Lo que sucedió el año pasado es la causa de lo que sucedió este año. Lo que sucedió cuando éramos niños es la causa de lo que es nuestra vida como adultos. Al menos, así es como hemos aprendido a interpretar las cosas. Es una puta locura; y te han engañado, compadre, te han lavado el cerebro.

Watts también decía que, "entonces, toda esa idea de que dejamos que el pasado dirija nuestro camino (en la vida) está conectada al concepto de causalidad, esto es, que es la fuerza del pasado la que hace que la vida corra. Y eso lo tenemos tan internalizado en nuestro sentido común que será muy difícil deshacernos de esta idea".

¡Wow!

Entonces, ¿qué alternativa tenemos? ¿Cómo hacemos para que esta forma de vivir se vuelva obsoleta? Bueno, definitivamente no podemos ir al pasado para cambiarlo. Lo que sucedió entonces seguirá siendo lo que sucedió entonces. La esponja está dura, manchada y no se puede cambiar. Lo mismo sucede con las conclusiones a las que has llegado. El pasado está en el pasado. Punto y se acabó. No podemos cambiarlo. Así que vamos a dejarlo tranquilo allá donde está. No vamos a tocarlo ni a meternos con él. Podemos reconocer y aceptar que está ahí y, también, podemos redirigirlo en favor de algo mucho más satisfactorio y lleno de posibilidades.

No llames al maldito diablo. Desarrolla un mejor modelo, con un diseño completamente nuevo.

Entonces, si realmente podemos desarrollar un modelo nuevo, una nueva forma de vivir que declare en quiebra tu obsesión por el autosabotaje, ¿eso verdaderamente supondrá que dejaremos de mirar al pasado en busca de orientación y entendimiento? ¡Por supuesto que sí, maldita sea!

Ahora bien, antes de que saques a relucir la famosa frasecita ("Aquellos que no conocen su historia, están condenados a repetirla"), creo que, sin duda, hemos probado que estamos en un camino de una sola dirección en el que las cosas se repiten una y otra vez. Como especie, ¡debemos ser súper lentos cuando se trata de aprender!

Por supuesto, podemos aprender mucho de nuestros fracasos y nuestras tragedias. Obviamente debemos estar atentos al peligro o a los posibles percances cuando estos se presenten, pero debemos entender, también, que ¡nuestro pasado no aplica a *todo* lo que hacemos en nuestra vida!

¿Y en dónde debo buscar apoyo o una guía para mi situación actual?

En el futuro, ¡por supuesto!

TU FUTURO YO

Buckminster Fuller, el inventor y visionario del siglo xx, dijo: "No intentes cambiar un sistema; construye uno nuevo que haga que el anterior se vuelva obsoleto".

Esas sí que son palabras poderosas, amigo.

Y eso es exactamente lo que vamos a hacer. Vamos a construir algo nuevo, un enfoque completamente nuevo desde el cual vas a vivir tu vida.

Vamos a hacer que el pasado se vuelva obsoleto.

En lugar de tratar de arreglar el sistema roto, tienes que crear uno totalmente nuevo, uno que provoque un giro genuino hacia una nueva dirección. Vamos a desarrollar una forma audaz y estimulante para que tú vivas tu nueva vida. Este es el momento en el que debes enfrentar tu forma de vivir y el fracaso total de tu método actual de "hacer" vida. No debes gastar más energía en ese viejo modelo de vida. Es más, deberías dejar de prestarle atención para que no tenga una razón de ser.

Necesitas redirigir tu vida. Vamos a hacer algo que realmente funcione, algo que te acerque hacia tus metas, en lugar de conspirar en contra de ellas. Hay una energía, como si fuera una fuerza de la naturaleza, entre lo que tú deseas y el lugar en el que te encuentras. Ahora bien, esta fuerza no te ha estado ayudando, sino que ha obrado en tu contra, pues te ha obligado a regresar siempre al principio, al lugar de origen. ¡Por eso es que los cambios de vida pueden ser tan extenuantes!

Tu futuro ha estado anclado en el pasado. Punto. ¿Por qué? Porque toda tu vida se ha basado en superar el pasado o en repetirlo.

Con razón te rindes, te resignas o sucumbes a la débil tentación de convertirte en una víctima.

EL FUTURO... NO SOLO ES DE *STAR TREK*

Antes de que, por hastío, empieces a voltear tus ojos hacia arriba, te voy a decir lo siguiente:

Recientemente leí en algún lugar que la serie de televisión *Star Trek* predijo cincuenta avances en tecnología antes de su invención, entre los que se incluyen las tabletas, el sistema de localización GPS, las puertas automáticas, los teléfonos celulares y las teleconferencias. ¡La lista es realmente impresionante!

Desde luego que tampoco voy a dejar escapar este dato para que se convierta en un posible tema de la próxima temporada de *Misterios del universo*. ¡Nostradamus NO era guionista de *Star Trek*!

Star Trek no *predijo* nada. ¿En qué planeta vives? *Star Trek* creó algo: un producto de la imaginación, de la habilidad para pensar, conceptualizar y visualizar. Ellos no predijeron el futuro, sino que visualizaron un futuro que incluyera algunas de esas tecnologías extrañas.

Está bien, ¿y?

Pues esas ideas soñadas motivaron a algunas personas a averiguar si realmente podrían funcionar. Aparentemente, la posibilidad de crear algo motivó tanto a estas personas que comenzaron a salir aparatos de estos por montones, como cuando vas a la máquina de dulces y, por veinticinco centavos, sale una cascada de M&Ms de maní.

Muchos de los avances de la era moderna han nacido de las mentes más atrevidas y valientes que, después de plantar bandera, comienzan a lidiar con todo lo que conlleva la realización de aquella idea que estaba en sus mentes. Hacen que su presente gire en torno a su futuro.

Los sueños fácilmente se pueden convertir en realidad. ¿Por qué uno no puede usar este enfoque para vivir la vida al máximo?

Esto tampoco es nada nuevo. Las grandes empresas están todo el tiempo pensando en qué será lo próximo y diseñándolo. Con su mirada puesta en el futuro, diseñan planes valientes e incomparables para invertir, expandir o reinventarse. Incluso, establecen la fecha en la que esperan completar esos proyectos inimaginables y esas ideas descaradas. Después, hacen algo que tú y yo no hacemos.

Dan marcha atrás y todo lo que hacen hoy está dirigido *desde* el futuro. ¡Comienzan por el final! Comienzan a estructurarse y a inspirarse en base a lo que viene. ¡Cada día se dejan influenciar por aquello que todavía no ha sucedido! Contrario a lo que Alan Watts dijo, a estas personas las mueve el futuro, y no permiten que sea el pasado el que las dirija.

Comienzan desarrollando una visión de futuro, y su presente se verá influenciado por esa visión. Es el futuro el que las guía; ¡es el maldito futuro el que las *provoca*!

¡Dios Santo! ¡Un modelo totalmente nuevo para vivir una vida! Una vida que comienza por el final.

Ahora bien, cuando digo "el final", ¡no estoy hablando de EL final! O sea, es recomendable que uno haga un testamento bien hecho y que se prepare para cuando llegue ese momento, pero no es de eso de lo que estoy hablando.

Para que entiendas, hablemos de algo relativamente inofensivo y arbitrario, como tus ingresos. ¿Estás contento con tu situación financiera actual? ¿Sientes que todavía puedes mejorar algo en esta faceta de tu vida? A lo mejor ¡esta es una de esas áreas que has estado saboteando!

Bien, ¡vamos a buscarle el lado *Star Trek* a esta mierda! Empieza por el final.

Mira hacia el futuro desde el punto en el que te encuentras. Deja correr un poco tu imaginación hasta el próximo año o quizás los próximos dos años. ¿Cómo ves tu futuro financiero? ¿Piensas que tus ingresos se habrán duplicado? ¿Esperas haber ahorrado diez mil dólares?

Por cierto, esto no es lo mismo que trazar, visualizar o establecer metas. Esto tiene que ver con diseñar tu futuro y lidiar de forma enérgica con todo aquello que pueda aparecer en el camino, ya sea en forma de obstáculo, de limitación o de las típicas estupideces autosaboteadoras tuyas. Hay una fuerza que te arrastra hacia ese futuro. No es necesario luchar para llegar hasta él.

Estás desgranando y lidiando con todo aquello que no representa ese futuro. Y te encanta. ¿Por qué? Porque, por fin, eres el arquitecto y el artista de tu vida. No tienes que ser un guerrero o un luchador. Te has convertido en el autor, alguien que piensa desde el futuro, un visionario de tu propia creación.

Esto se trata de diseñar la vida que quieres, la vida que te inspira y que te motiva. Estás redirigiendo totalmente tu vida para dejar a un lado tus prácticas autosaboteadoras.

La obra de Miguel Ángel, el escultor, pintor, arquitecto y poeta italiano del Renacimiento Clásico, tuvo una gran influencia en el desarrollo del arte occidental. De hecho, algunos lo consideran como uno de los más grandes artistas de todos los tiempos.

Una de sus obras más conocidas es la estatua de diecisiete pies de alto y seis toneladas de peso conocida como el *David*, la cual fue tallada en un bloque de mármol blanco extraído de las montañas de Carrara, en Italia. Se dice que Miguel Ángel no hizo esta estatua de la forma en la que tú o yo podríamos pensar que la hizo, puesto que lo que hizo fue remover de aquel bloque todo lo que no fuera *David*. Tal parece que, en la mente de Miguel Ángel, *David* ya estaba completo y que solo estaba esperando a que lo descubrieran, pieza por pieza. Pasó dos años de su vida, dos años totalmente dedicados a esta pasión, en los que fue descubriendo el futuro a partir del presente.

Fue esculpiendo desde el futuro hacia el presente, hasta que ese futuro se hizo realidad. Después, dedicó su vida al próximo futuro y, más tarde, al siguiente futuro, y así sucesivamente. Fue escultor todos los días. No estaba tratando de ser un escultor algún día. Su vida se llenó de los problemas de un escultor y se entregó totalmente a ellos. ¿Y qué sucedió con el trabajo? Le dio vida.

Ahora imagínate que lo que tú has estado haciendo, hasta este momento, es darle machetazos a esa roca gigante llamada vida sin que realmente exista algún tipo de creatividad o ingenio, sin ningún futuro que inspire el presente, sin nada que te motive a ser una mejor persona. Más bien, te has dedicado a darle golpes, al azar, a la masa que tienes delante tuyo con la esperanza de que de ahí salga algo que valga la pena. Con el tiempo.

En este libro no hablamos de metas o triunfos de la manera en la que tradicionalmente se conciben. Ese estilo de vida te ha hecho sacrificar horas, días y semanas de tu existencia a cambio de un instante de satisfacción o de un éxito de "un día", tratando de llegar a algún lado, aunque realmente nunca estuvieras presente. Rápido olvidas o archivas en tu memoria los éxitos repentinos que aparecen en el camino, pues no hay nada en tu vida que te invite a alcanzar lo extraordinario.

Una vez más, este libro trata sobre cómo llenar tu vida *actual* de objetivos y actividades que te estimulen. Trata sobre cómo tú mismo puedes diseñar tu vida, pero una vida que te impulse a actuar de forma diferente cuando se trate de esas cosas que más te importan. Este libro propone que trabajes diariamente, que esculpas ese bloque de piedra gigante llamado vida para que vayas constantemente revelando y descubriendo ese futuro que alguna vez pensaste que estaba fuera de tu alcance. ¡Trabajarás diariamente para ganarte la vida o para descubrir un futuro que jamás pensaste que fuera posible!

¡Me da igual lo que tú piensas que *puedes* hacer! ¿Qué me dices de la vida que florece diariamente en una misma estación gracias a la alentadora tarea de eso que tú crees que no puedes hacer, una vida en la que te animas a ti mismo cuando sueñas en grande y tratas de alcanzar las estrellas todos los días? Cualquiera sea tu versión de eso, funciona. Presta atención a lo que voy a decirte: jamás podrás deshacerte de los problemas de tu vida, pero podrías empezar a involucrarte en la clase de problemas en los que se involucró Miguel Ángel, esos que son gratificantes y que hacen que la vida valga la pena. Pero no "con el tiempo", sino que valga la pena *hoy*.

> *...una cosa construida solo puede ser amada después de que está construida; pero una cosa creada es amada antes de que exista.*
> —*Charles Dickens*

¿Por qué me convertí en escritor? Porque esa era la vida que quería vivir. Quería vivir todo lo que supone ser un escritor. Mi objetivo no era *convertirme* en escritor; no era una meta ni algo que me había propuesto mejorar hasta que pudiera llevar ese título con honor. Yo *comencé* siendo escritor y construí una vida que pudiera hacer que eso funcionara. Llené mi vida de los problemas que tiene un escritor. Me sentí fortalecido y animado ante el desafío de lo que eso suponía y ante la tarea de tener que resolver los asuntos que se me presentaron cuando acepté la idea de que *soy* un escritor. ¡¡CARAJO!! ¡DE REPENTE, ERA UN ESCRITOR!

Podemos aplicar la misma filosofía a cualquier área de tu vida. ¿Tu matrimonio se basa en mostrar un amor auténtico y apasionado a través de formas nuevas y variadas o se basa meramente en llevarse bien? Lo primero te retará a descubrir nuevas formas de expresarte, de mostrar tus limitaciones, y llenará tu vida de los desafíos propios de una forma de vida en especial; lo segundo, no provocará eso. Ambos entrañarán obstáculos y problemas: los que surgen de lo primero te darán vida, mientras que los otros, poco a poco, acabarán con tu relación.

¿Estás ahorrando dinero para mejorar tu crédito o estás revelando un nuevo futuro basado en una total libertad financiera? Lo primero nublará tus sentidos, mientras que lo segundo motivará acciones nuevas y creatividad.

¿Qué me dices de tu cuerpo? ¿Estás comiendo para perder peso o estás revelando un enfoque completamente nuevo diseñado para vivir una vida saludable, completamente irreconocible, de tu propia creación?

En cada una de estas situaciones, te enfrentarás al tipo de acciones que requerirán que te esfuerces para alcanzar algo mejor. No necesariamente será agradable, pero tú serás el responsable de ese malestar o esa inconformidad, por lo que cada momento de dolor o de ansiedad significa un trocito de piedra menos en tu proceso de desvelar el futuro que has diseñado.

En cada momento de tu vida deberás elegir entre dos opciones: dejarte guiar por un pasado en el que no tuviste la oportunidad de intervenir o dejar que sea el futuro que tú has creado el que guíe tus pasos. Ahora que has descubierto tu mecanismo de autosabotaje, podrás controlar los resortes y los discos de esa elección. Te toca a ti decidir.

¿Qué cosas estás haciendo hoy que te permiten alinearte con un nuevo futuro? Los trozos de piedra que estás sacando en este proceso, ¿revelan tu trabajo, tus sueños, tus pasiones o tu propósito? ¿Qué te da vida? ¿Qué obras maestras podrías desvelar?

En resumen, ¿qué estás haciendo realmente que podría hacer que tu vida valga la pena?

13

¡Ya puedes dejar de hacer pendejadas!

No hay nada que arreglar porque no estás roto. No eres una jodida silla, eres una expresión. Así que sal allá fuera y expresa tu futuro. Haz algo grandioso, por lo que valga la pena entregar tu vida. Todo lo demás es pura queja y una porquería de café.

Lo bonito de este enfoque basado en el futuro es que el futuro es realmente ilimitado. O sea, no hay nada establecido, así que puedes hacer con él lo que quieras. Además, es amplio, así que puede abarcar cualquier cosa. Cuando dejas que el pasado se quede en el pasado, cuando ya no defines lo que tienes delante de ti en términos de lo que está detrás, entonces realmente tendrás un potencial ilimitado.

Siempre y cuando estés consciente de ello.

Tu futuro podría significar una mejor y más prestigiosa carrera. Quizás, comenzar tu propio negocio. O fundar una institución benéfica. Estar económicamente estable o en esa relación con la que siempre has soñado. A lo mejor, tendrás la libertad de trabajar desde donde quieres, ya sea desde tu casa o desde un café en un país extranjero. O lograr que esa idea creativa finalmente se vuelva viral.

En tu futuro, podrías correr maratones, escribir una novela o hablar otro idioma. Tu cuerpo podría tener cierto aspecto o tus amistades podrían ser valiosas y dinámicas. Todo dependerá de tu imaginación. Todo lo demás son viejos patrones y comportamientos mentales.

Recuerda que los comportamientos autosaboteadores no van a desaparecer por sí solos, así que deberás diseñar un futuro que te obligue a llenar tu vida de acciones y resultados nuevos, esto es, de una nueva vida. Y puedes tenerla ahora mismo. En este instante.

"¡¿Pero, pero, pero GARY?! ¡No sé qué hacer con mi vida!".

¡Mentira! Esa es otra excusa más para mantenerte atado al pasado. Puede que para ti no sea una excusa, pero lo es. No importa *qué* haces; solo importa *que* lo hagas. No podrás hallar el camino si permaneces inmóvil, como si nada pasara. La vida no es más que un gran experimento, un espacio en un momento histórico para gritar, amar, vivir y morir, pero para que esto sea posible, no puedes permanecer sentado pensando en qué es lo que debes hacer con tu vida o qué sería lo *correcto*. Se han descubierto un buen número de cosas increíbles accidentalmente, sin planificar. Intenta algo y, si no funciona, ¡intenta otra cosa! Eso es lo bonito de esto: estás explorando qué significa estar vivo.

Deberás preguntarte todos los días, varias veces al día, quizá cientos de veces al día, qué es lo que tu futuro te está diciendo que hagas ahora mismo.

Actúa de acuerdo con esa respuesta, no importa el tipo de respuesta que sea, si es grande o pequeña. ¡HAZLO!

En este momento, tengo que detenerte. Te acabo de dar las llaves del maldito mundo. Todo eso que querías está esperando a que lo descubras. ¿Deberías dudar? Sí. ¿Podrías asustarte un poco o confundirte? Sip. ¿Y qué me dices de esos viejos patrones? ¿Volverán? Sí, regresarán. ¿Mi diálogo autodestructivo seguirá estando ahí? Ajá. ¿Mi miedo a que me rechacen? Sí. ¿El peso que conlleva la batalla de la vida? Sí.

Sí, sí, sí, sí. Carajo, sí. ¿Y cuál es el problema?

En estas páginas hemos hecho trizas con tu pasado. Hemos cavado hondo, hemos enfrentado directamente a tu yo más negativo y despreciable. Al principio del libro, te dije que trabajaríamos para conseguir descubrir y transformar la mierda que constantemente saboteaba tu vida. Ya debes estar familiarizado con todos esos pensamientos, esas emociones, esos comportamientos y sentimientos íntimos y habituales que son propios de tu forma de vivir la vida y que afloran cuando estás saboteando tu propia vida.

Si sientes que no has podido conectarte completamente con todas las formas en las que, sistemáticamente, te has saboteado a ti mismo, da marcha atrás y relaciónate con la vida a la que te arrojaron, intenta descubrir tu verdad establecida, de la cual surgieron los tres saboteadores, y familiarízate con ese punto de experiencia conocido desde el cual empiezas cada día. Vuelve a leer esto todas las veces que sea necesario, pero cada vez que lo hagas, hazlo con la intención real de cambiar tu vida.

Martin Heidegger creía que, una vez que comprendemos los caminos a los que nos han arrojado, entonces aumentarán las posibilidades de vivir nuestra vida. Hasta que eso no ocurra, esa vida a la que nos han arrojado seguirá definiendo quiénes somos. Ahora bien, una vez que descubrimos cómo eso funciona, encontraremos la verdadera libertad. Seremos capaces de, en cierto modo, superarlo, de ir más allá para poder explorar qué significa ser un ser humano.

Ahora, eso requiere de una cualidad importante: control. Todo lo que controlas, ya no te controla. Por eso es que hemos hecho todo este trabajo, por eso es que hemos cavado tan hondo, para que pudieras identificar claramente todo aquello que provocaba que tuvieras encendido el piloto automático. Para que despertaras. Para que lo supieras.

¡Bien! Por fin, ¡ya lo sabes!

Y ahora te toca asumir la responsabilidad de todo eso que ahora sabes. Ya no podrás usar las mismas viejas excusas, las mismas estrategias para autoinculparte, hacerte sentir avergonzado o débil. Claro que habrá momentos realmente conflictivos o desafiantes, en los que el impulso a hacer lo predecible será tan tentador, tan atractivo y tan potente, que el deseo de hacerlo te parecerá simplemente demasiado.

Por ejemplo, a lo mejor finalmente te has comprometido a acabar con el ciclo de sabotaje de tu matrimonio, por lo que estás esforzándote por mostrar que existe una conexión dentro de tu relación entre el amor y la aventura. ¿Pero qué haces cuando tu compañero dice eso (tú sabrás lo que es) que hace que pierdas la cabeza cada vez que lo dice? En ese momento, debes detenerte y elegir. Recuerda ese futuro que has creado, ese que es un símbolo de la vida y la relación que siempre has querido. Ahora, comienza a esculpir. En ese preciso momento, ve quitando del bloque de piedra los trocitos que no necesites. Remueve el obstáculo. No luches contra él. No lo odies. Tampoco vas a hacer un drama a raíz de eso y vas a decirle a tu pareja algo que podría afectarla a ella y a la relación que existe entre ustedes. Apártate y déjalo que pase, mantente impasible y actúa de acuerdo con ese futuro de amor y aventura que has diseñado. Date la vuelta. Gira. Genuinamente.

Esa acción podría ser una disculpa, decirle a tu pareja que la amas o pedir un minuto para tranquilizarte. Este tipo de acciones funcionan como una interrupción de la tendencia a sentir ese impulso de autosabotaje y como un ejemplo de la relación de amor y aventura que estás buscando.

Y, luego, todo pasa. Hasta la próxima vez.

Y, la próxima vez, vuelves a apartarte y a dejar que pase y vuelves a sustituirlo con una acción que haga que ese matrimonio de amor que persigues sea más real y que esté más presente en ese momento. Harás esto todo el tiempo, porque eso es lo que hace alguien cuya propia existencia se basa en tener amor en su vida. Lo deja sobre la mesa.

Quizás tengas que hacer esto dos veces al día o, quién sabe, a lo mejor sean doscientas veces al día. ¿Ves? Para conseguir un cambio real y duradero, eso es lo que se necesita: compromiso. Se necesita un compromiso real. Hay que darlo todo, sin engaños, sin dejar nada al margen, por eso que verdaderamente quieres, especialmente durante esos momentos en los que te sientes derrotado, deprimido, confundido o de cualquiera de las maneras que utilizas como excusa para huir de ti mismo.

Entonces, vendrán esos días en que lo arruinas todo. Así es. Quizás lo arruinas todo, pero, incluso, después de que *eso* sucede, debes mirar hacia el futuro para que te guíe y te muestre el camino para arreglar lo que estropeaste. Si estás comprometido con el amor y la aventura en tu relación y acabas de arruinarlo todo porque, en un momento de frustración y enojo, dijiste la palabra esa que no es tan segura y que no se supone que digas, ¿qué es lo que el amor y la aventura te pedirían que hicieras? Toma el control, discúlpate y sigue hacia adelante con esa relación basada en el amor y la aventura que creaste en tu futuro.

No importa si lo arruinas todo. Lo que importa es que sigas esculpiendo la piedra, que sigas creando y retirando trozos para ir dándole forma a tu obra maestra. Lo importante es que honres el futuro que tú has diseñado.

Miguel Ángel ya tenía al *David* diseñado en su mente. ¿Lo recuerdas? Lo que él hizo fue desvelar el futuro que él había creado. Y eso es, precisamente, lo que tú tienes que hacer: DESVELAR EL FUTURO. Todos los días. Una pieza a la vez. ¿No creerás en serio que él no tuvo que arreglar algún que otro desorden autoimpuesto a lo largo del camino? ¿O sí?

También te pasará que, de vez en cuando, lo mismo de siempre se te atraviese por el camino, se rebele y te dé una bofetada en toda la cara.

Ese es el momento en el que lo que podrías ser se vuelve más importante de lo que fuiste.

YA NO ESTÁS CONDICIONADO POR TU PASADO; AHORA TU VIDA SE BASA EN EL FUTURO

Toda la mierda que te he presentado, por la que te he arrastrado y que te he obligado a enfrentar a lo largo de este libro, te ha traído hasta aquí: tu oportunidad de cambio real. No son inventos como los que ya intentaste en el pasado para tratar de arreglar una verdad rota. Estamos hablando de un cambio real, profundo y fundamental, que está basado en un conjunto de reglas y de formas de hacer las cosas totalmente nuevo.

Tampoco estamos hablando de un solo futuro. Esto no es un sueño vago y liviano sobre un futuro, sino más bien sobre innumerables futuros. Estamos hablando de una vida plagada de futuros: el de tus finanzas, el de tu vida amorosa, el de tu familia, el de tu cuerpo, el de tu carrera, el de tu negocio o el de tu propósito para esta vida.

Tendrás que definir ese futuro para cada uno de estos aspectos. ¿Hacia dónde te diriges? ¿Cómo te visualizas en dos, tres o cinco años? ¿Qué estás diseñando? ¿Te vas a quedar ahí sentado y lo vas a echar a la suerte o vas a ser tú quien defina tu futuro y quien te rete a vivir esa realidad, paso a paso?

¿Qué has estado eliminando, qué has estado esperando o en qué has estado involucrado? ¡Comienza por ocuparte de aquellas cosas que te inspiran!

Ahora mismo, empieza a diseñar esta vida futura en tu mente, incluidas todas esas cosas que quisieras que formen parte de ella. Imagina, por ejemplo, el tipo de trabajo que estarás haciendo dentro de un año. ¿Qué estás haciendo hoy para desvelar ese futuro? ¿Qué tipo de relación te gustaría tener? ¿Puedes verla? Muy bien, ahora piensa en el momento presente. ¿Qué estás haciendo ahora mismo para desvelar *ese* futuro?

Y seguimos: ahora piensa en dónde vivirías, el tipo de casa y la ubicación. Es en serio: debes ser lo más específico posible. ¿Con quién la compartirías? ¿Con tu pareja? ¿Con tu familia? ¿Con tus perros? Quién sabe, ¡a lo mejor contigo mismo! Ahora piensa en tu vida actual teniendo en cuenta todo eso. Tu vida actual es el bloque de piedra; el futuro es tu *David*. ¿Con qué necesitas trabajar primero? ¿Qué es lo que te va a desafiar? Quizás debas terminar una relación estéril o eliminar otro pedazo grande de tu vida. Lo sé. No va a ser fácil, pero recuerda que tienes dos opciones: o vives una vida en la que no hagas más que repetir mecánicamente el pasado o vives una vida que te permita desvelar un futuro completamente nuevo. Llegó el momento de elegir.

No existe un secreto mágico en relación con tu vida, no existe una sola poción, ninguna fuente mística, nada que pueda convertirte en tu mejor yo o que te haga hablar efusivamente sobre propósitos de una nueva era.

Tú eres algo más parecido a un cuerpo de trabajo que a un cuerpo, y siempre hay trabajo que hacer, nuevas formas de efectividad y de vivacidad que desempacar y explorar, y tú o te quedas estancado diariamente en esa tarea, o bien te metes en un lío. Punto.

El universo no te va a cubrir las espaldas, el pecho, la cabeza ni tu trasero. Las cosas solo existen para lo que tú decidas. Eso es todo.

Deja de entretenerte con fantasías, dramas y asuntos sin resolver. ¡Despierta de una vez y por todas!

Cada experiencia que tienes, desde el coraje y la depresión, hasta la alegría, la emoción y la apatía, todas son parte de la experiencia humana, ¡pero eso no significa que tienes que llevártelas a la cama cada vez que aparecen en tu mente! Todas son convenientes para la experiencia humana. ¡Pero no te vuelvas adicto a ninguna de ellas! No estás roto; no hay nada que arreglar. No eres una maldita silla; eres una expresión, así que sal allá afuera y expresa tu futuro. Haz que sea algo maravilloso, algo por lo que merezca la pena dar tu vida.

¿Sabes qué es la vida *realmente*? Es una oportunidad para que puedas jugar con lo que echaron en esa maleta de piel que eres. Para que lo pruebes, para que te lo lleves a pasear, para que lo lleves al límite, para que vivas esta vida antes de que te mueras. ¿Esa seguridad que tanto has anhelado? La tienes: vas a morir.

Ahora bien, antes de que llegue ese momento, tienes una oportunidad maravillosa de superarte a ti mismo. Tienes la oportunidad de ser el ser humano más efectivo, más cariñoso, más compasivo, más aventurero, más pasional, más comprometido, más comprensivo, más exitoso y más creativo que puedas ser hasta que llegue el momento de partir de este mundo. Es la oportunidad de poder mirar a la gente a la cara y ser el ser humano que siempre quisiste ser: un ser humano auténtico y genuino.

Todo lo demás son puras pendejadas y una mierda de café.

Si no te sientes motivado por tu vida, quiere decir que no has podido diseñar una vida que sea lo suficientemente digna de tu inspiración. Además, que mi esponjita mágica sigue estando presente en tu vida. A la hora de la verdad, ¿sabes por qué te autosaboteas? Porque estás aburrido. Estás aburrido por culpa de tu maldita mente y de tu pequeña y ordinaria bañera llena de mierda predecible y segura. Tú lo sabes y yo lo sé. No importa cuántos certificados o diplomas tengas, cuánto dinero tengas en tu cuenta bancaria o cuántos seguidores tengas en Twitter.

Tu vida se ha convertido en un constante y tedioso intento por tratar de liberarte de un pasado que ya decidiste que, no importa lo que hagas, nunca podrás superar. Todo es mental.

A la mierda el pasado, desvela un futuro atrevido, sal ahí afuera y ponte a trabajar. Trabaja contigo mismo.

Controla tu vida, controla dónde ha estado, controla hacia dónde se dirige y lo que tienes que hacer para que te des cuenta de lo que puedes hacer con eso todos los días.

El futuro ha llegado. Ahora, ¿qué rayos vas a hacer?

Sobre el autor

Nacido y criado en Glasgow, Escocia, Gary se mudó a los Estados Unidos en 1997. Esto le permitió adentrarse en el mundo del desarrollo personal, específicamente dentro de las áreas de ontología y fenomenología, a las que les dedicó numerosas horas de estudio, durante varios años, antes de convertirse en el director principal de los programas de una de las compañías de desarrollo personal más importantes del mundo. Después de muchos años como facilitador de programas para miles de personas alrededor del mundo, se dedicó a estudiar a los filósofos Martin Heidegger, Hans-Georg Gadamer y Edmund Husserl, cuyos postulados han tenido gran influencia en el desarrollo de su propia marca de "filosofía urbana". Gary dedica todos sus días a ayudar a las personas a que puedan conseguir un cambio real en sus vidas. Para él, ese es un compromiso que ha adquirido para toda la vida. Los seguidores de su enfoque "sin pretensiones" y "sin tonterías" son cada vez más numerosos, pues se sienten atraídos por la sencillez con la que aborda los temas y la capacidad de adaptar sus propuestas a la vida real. Actualmente reside en el estado de la Florida con su esposa y sus tres hijos.